E-commerce

Central de Qualidade — FGV Management
ouvidoria@fgv.br

SÉRIE MARKETING

E-commerce

3ª edição

Eduardo Ramos
André Antunes
André Bittencourt do Valle
Andre Kischinevsky

Copyright © 2011 Eduardo Ramos, André Antunes, André Bittencourt do Valle, Andre Kischinevsky

Direitos desta edição reservados à
EDITORA FGV
Rua Jornalista Orlando Dantas, 37
22231-010 — Rio de Janeiro, RJ — Brasil
Tels.: 0800-021-7777 — 21-3799-4427
Fax: 21-3799-4430
E-mail: editora@fgv.br — pedidoseditora@fgv.br
www.fgv.br/editora

Impresso no Brasil/*Printed in Brazil*

Todos os direitos reservados. A reprodução não autorizada desta publicação, no todo ou em parte, constitui violação do copyright (Lei nº 9.610/98).

Os conceitos emitidos neste livro são de inteira responsabilidade dos autores.

1ª edição — 2004; 2ª edição revista — 2006; 1ª reimpressão — 2007; 2ª e 3ª reimpressões — 2008; 4ª reimpressão — 2009; 5ª e 6ª reimpressões — 2010; 3ª edição — 2011; 1ª reimpressão — 2011; 2ª e 3ª reimpressões — 2012; 4ª e 5ª — reimpressões — 2013; 6ª e 7ª reimpressões — 2014; 8ª reimpressão — 2015; 9ª reimpressão — 2016.

Preparação de originais: Maria Lucia Leão Velloso de Magalhães
Editoração eletrônica: FA Editoração Eletrônica
Revisão: Andréa Bivar, Fatima Caroni e Marco Antonio Corrêa
Capa: aspecto:design
Ilustração de capa: Romero Cavalcanti

    Ramos, Eduardo
        E-commerce / Eduardo Ramos... [et al.]. — 3. ed. — Rio de Janeiro : Editora FGV, 2011.
        184 p. — (Marketing (FGV Management))

        Em colaboração com André Antunes, André Bittencourt do Valle, Andre Kischinevsky.
    Publicações FGV Management.
    Inclui bibliografia.
    ISBN: 978-85-225-0866-2

    1. Comércio eletrônico. 2. Marketing na internet. 3. Internet (redes de computação). I. Antunes, André. II. Valle, André. III. Kischinevsky, Andre. IV. FGV Management. V. Fundação Getulio Vargas. VI. Título. VII. Série.

        CDD — 658.800285

*Aos nossos alunos e aos nossos colegas docentes,
que nos levam a pensar e a repensar nossas práticas.*

Sumário

Apresentação   9

Introdução   13

1 | **A internet e os negócios**   15
    Surgimento da internet comercial   15
    Ganhando dinheiro com a internet   16
    A internet e a estratégia das empresas   21
    Novos paradigmas   38
    Paradigmas emergentes: cauda longa e economia do grátis   41
    Modelos de negócio e receita na internet   46
    Desafios e oportunidades de estar online   49

2 | **Tecnologia e segurança**   53
    Desenvolvendo um sistema de e-commerce   53
    A tecnologia por trás de um website   55
    A World Wide Web   56

As categorias de websites de e-commerce   60
Segurança   64
O SSL (*secure sockets layer*)   68
Sistemas de pagamento   72
Implantação de cartões de crédito   73
Mecanismos para vendas online   75
Integração   79
Logística   82

3 | **Marketing na internet**   85
Os Ps do marketing e a internet   85
Propaganda online   97
Search engine optimization (SEO)   105
Análise de sites   107
E-mail marketing   114
Domínios: o nome do site   121
Marketing em mídias sociais   124
Personalização   126
Pesquisas online   129

4 | **E-commerce no Brasil**   139
Uma breve visão do e-commerce B2B no Brasil   139
Tendências e situação atual do varejo online no Brasil   142
Varejo online em segmentos verticais no Brasil   145
Minicasos de e-commerce no Brasil   159

Conclusão   167

Referências   169

Glossário   173

Sobre os autores   181

Apresentação

Este livro compõe as Publicações FGV Management, programa de educação continuada da Fundação Getulio Vargas (FGV).

Instituição de direito privado com mais de meio século de existência, a FGV vem gerando conhecimento por meio da pesquisa, transmitindo informações e formando habilidades por meio da educação, prestando assistência técnica às organizações e contribuindo para um Brasil sustentável e competitivo no cenário internacional.

A estrutura acadêmica da FGV é composta por oito escolas e institutos: a Escola Brasileira de Administração Pública e de Empresas (Ebape), dirigida pelo professor Flavio Carvalho de Vasconcelos; a Escola de Administração de Empresas de São Paulo (Eaesp), dirigida pela professora Maria Tereza Leme Fleury; a Escola de Pós-Graduação em Economia (EPGE), dirigida pelo professor Rubens Penha Cysne; o Centro de Pesquisa e Documentação de História Contemporânea do Brasil (Cpdoc), dirigido pelo professor Celso Castro; a Escola de Direito de São Paulo (Direito GV), dirigida pelo professor Ary Oswaldo Mattos Filho; a Escola de Direito do Rio de Janeiro (Direito Rio), dirigida pelo professor Joaquim Falcão; a Escola de Economia de São Paulo (Eesp), dirigida pelo professor Yoshiaki Nakano; o Instituto Brasileiro de Economia (Ibre), dirigido pelo professor Luiz Guilherme Schymura de Oliveira. São diversas unidades com a marca FGV, trabalhando com a mesma filosofia: gerar e disseminar o conhecimento pelo país.

Dentro de suas áreas específicas de conhecimento, cada escola é responsável pela criação e elaboração dos cursos oferecidos pelo Instituto de Desenvolvimento Educacional (IDE), criado em 2003 com o objetivo de coordenar e gerenciar uma rede de distribuição única para os produtos e serviços educacionais da FGV, por meio de suas escolas. Dirigido pelo professor Clovis de Faro e contando com a direção acadêmica do professor Carlos Osmar Bertero, o IDE engloba o programa FGV Management e sua rede conveniada, distribuída em todo o país (ver www.fgv.br/fgvmanagement), o programa de ensino a distância FGV Online (ver www.fgv.br/fgvonline), a Central de Qualidade e Inteligência de Negócios e o Programa de Cursos Corporativos In Company. Por meio de seus programas, o IDE desenvolve soluções em educação presencial e a distância e em treinamento corporativo customizado, prestando apoio efetivo à rede FGV, de acordo com os padrões de excelência da instituição.

Este livro representa mais um esforço da FGV em socializar seu aprendizado e suas conquistas. Ele é escrito por professores do FGV Management, profissionais de reconhecida competência acadêmica e prática, o que torna possível atender às demandas do mercado, tendo como suporte sólida fundamentação teórica.

A FGV espera, com mais essa iniciativa, oferecer a estudantes, gestores, técnicos — a todos, enfim, que têm internalizado o conceito de educação continuada, tão relevante nesta era do conhecimento — insumos que, agregados às suas práticas, possam contribuir para sua especialização, atualização e aperfeiçoamento.

Clovis de Faro
Diretor do Instituto de Desenvolvimento Educacional

Ricardo Spinelli de Carvalho
Diretor Executivo do FGV Management

Sylvia Constant Vergara
Coordenadora das Publicações FGV Management

Introdução

O objetivo deste livro é fornecer ao leitor uma visão sistêmica sobre a utilização da tecnologia da internet em negócios, tanto nas operações de e-commerce quanto no uso da internet como uma nova mídia a ser explorada por diferentes ações de marketing. Por se tratar de assunto novo e sujeito a muitas mudanças, nossa principal preocupação não é tanto trazer receitas prontas, mas desenvolver uma metodologia para que o leitor possa traçar suas próprias estratégias para negócios online.

O livro está estruturado em quatro capítulos e um glossário.

O primeiro capítulo estabelece uma visão estratégica dos impactos da internet nos negócios, permitindo ao leitor refletir sobre como ela vem alterando os mercados, os processos nas empresas e até mesmo os produtos.

No segundo capítulo, o objetivo é apresentar diversas tecnologias e técnicas para vendas na internet, e também permitir uma reflexão sobre diversos problemas da operação de negócios na rede, como, por exemplo, a questão da logística.

No terceiro capítulo, discutimos questões ligadas ao marketing em negócios na internet, abordando o uso da internet tanto como ferramenta de marketing quanto para a realização de transações e mídia para divulgação e relacionamento.

O quarto e último capítulo, dedicado a uma análise do comércio eletrônico no Brasil, cita vários exemplos e casos e, sobretudo, permite ao leitor uma visão da grande abrangência dos negócios da internet no país.

Por fim, apresentamos uma breve conclusão, na qual fazemos um esforço de consolidação das ideias apresentadas no livro.

1

A internet e os negócios

O impacto do e-commerce na economia vai muito além da simples transação eletrônica de bens e serviços. A internet está mudando a maneira de as pessoas trabalharem, estudarem, se relacionarem e fazerem negócios. Além disso, está alterando a forma pela qual as pessoas se relacionam com empresas, as empresas se relacionam entre si e até o governo se relaciona com a sociedade.

Para planejar a utilização da internet como ferramenta de marketing ou um negócio na rede, a fim de atingir os melhores resultados, você deve conhecer como surgiu a internet comercial e compreender os impactos estratégicos que ela está produzindo no mundo dos negócios. Você verá que, ao mesmo tempo que as mudanças proporcionam oportunidades, também trazem riscos, normalmente associados a situações em que o excesso de empolgação com a tecnologia supera os objetivos estratégicos.

Surgimento da internet comercial

A internet surgiu nos EUA, a partir de uma combinação de projetos governamentais e acadêmicos, iniciados ainda na década de 1960. A intenção era criar tecnologias que permitissem a intercomunicação de computadores diferentes e espalhados geograficamente, ligados a redes distintas. O projeto foi bem-sucedido e, no início da década de 1970, algumas universidades norte-americanas já estavam conectadas, sendo os primeiros nós daquela *rede de redes* que mais tarde acabaria conhecida simplesmente como internet, palavra que significa justamente *inter*comunicação de redes (*net*, em inglês).

A tecnologia da internet, cujas características exploraremos mais a fundo no capítulo 2, foi posta em domínio público, o que permitiu que todos os tipos de computadores fossem adaptados e conectados entre si, sem o pagamento de qualquer tipo de *royalty*. A disponibilidade de padrões abertos de domínio público, juntamente com a proliferação dos computadores pessoais, modems e redes locais ao longo da década de 1980, compôs o cenário adequado para que a internet tivesse, durante os anos 1990, um crescimento meteórico, atingindo rapidamente milhões de pessoas, especialmente depois da criação da World Wide Web, popularizada a partir de 1994. Naturalmente, tal fato despertou o interesse das empresas, e muitas começaram a se perguntar: "afinal, como ganhar dinheiro com a internet?".

Ganhando dinheiro com a internet

A internet nasceu estatal e acadêmica. Não foi uma rede planejada para se tornar uma plataforma para negócios ou sequer para o uso empresarial. De início, houve até polêmica e resistência por parte da comunidade acadêmica ao uso comercial da rede. Esse fato foi superado pela força das empresas diante do gigantesco apelo que o novo meio oferecia, capaz que era de alcançar milhões de pessoas e, consequentemente, gerar inúmeras oportunidades de negócios. A partir de março de 1991, as regras de uso da internet do governo norte-americano (*acceptable use policy*) passaram a permitir o tráfego comercial na internet, marcando o início da internet comercial.

As certezas, entretanto, eram inversamente proporcionais às oportunidades. Será que as pessoas comprariam algo pela rede, sem ver, sentir e experimentar? Será que, ao se tornar aberta e comercial, a rede seria tomada pelo caos? As pessoas estariam dispostas a pagar pelo acesso a informações e serviços via internet? Como a comunidade de usuários veria a presença de empresas *conspurcando* o ciberespaço, um ambiente reservado apenas a um grupo mais restrito de *iniciados*? Para complicar, como a tecnologia não fora desenvolvida para fins comerciais, não havia quaisquer padrões para o comércio eletrônico, e os protocolos não eram seguros. Será que a tecnologia conseguiria evoluir?

Pás e picaretas

Durante a corrida do ouro no Oeste norte-americano, ocorrida de 1848 a 1855, muitos dos que se lançaram na aventura de buscar o precioso metal não ficaram ricos, nada conseguiram. Na verdade, poucos foram os exploradores que realmente enriqueceram. Mas, para os negociantes que vendiam pás, picaretas e outros itens requisitados pelos aventureiros, toda a corrida foi extremamente lucrativa. Esses vendedores de pás e picaretas, naturalmente, promoveram ao máximo a corrida e, enquanto houve aventureiros, ganharam facilmente muito dinheiro.

Com a internet não foi muito diferente. Uma das únicas certezas era de que se ganharia dinheiro provendo o acesso do público à rede e vendendo equipamentos de roteamento, software e hardware que possibilitassem o acesso de indivíduos e empresas. A indústria da tecnologia da informação (TI) fez o mesmo papel dos vendedores de pás e picaretas e, com certeza, ganhou muito dinheiro. Para citar apenas três exemplos, basta verificar as trajetórias meteóricas da America Online (AOL), da Microsoft e da Cisco ao longo da década de 1990.

Coube às empresas de TI promover maciçamente a utilização da internet, por meio da propaganda (o termo e-business foi massificado pelas célebres campanhas da IBM), de publicações diversas (como livros proféticos sobre a nova economia, estudos de caso e pesquisas de mercado patrocinadas) e também impulsionando o desenvolvimento tecnológico necessário para que surgissem os padrões para o comércio eletrônico, a segurança e a integração de sistemas empresariais.

No início, as empresas tradicionais experimentaram a nova tecnologia e criaram suas presenças institucionais na rede. Rapidamente, porém, o aceleradíssimo crescimento do número de usuários da internet fez surgir uma grande onda de novas empresas, criadas com foco na exploração de oportunidades de negócios online, as chamadas ".com",[1] que compunham, juntamente com as empresas de TI, o que foi denominado nova economia.

Lupas e ímãs: a era da exuberância irracional

Na fictícia Macondo, cidade em que se passa o clássico romance *Cem anos de solidão*, de Gabriel García Márquez, os ciganos causavam rebuliço na população, pois chegavam com objetos desconhecidos e além da compreensão dos habitantes do lugar, como ímãs e lentes de aumento. Os habitantes locais simplesmente acreditavam que os ciganos eram mágicos poderosos, capazes de feitos inimagináveis. A admiração era tanta que um dos líderes da comunidade chegou a trocar todas as

---

[1] Essa denominação, que se pronuncia "pontocom", vem do nome de domínio dos sites comerciais, que nos EUA sempre terminam por ".com".

economias da família por alguns pares de ímãs, entusiasmado com aquela tecnologia fantástica e com a vaga esperança (para ele uma certeza) de usá-la para encontrar ouro.

Realidade e ficção se confundem. Embora o romance de García Márquez seja de 1967, a passagem mencionada dá conta de boa parte da explicação do que aconteceu durante a era de supervalorização das empresas ".com", que perdurou ao longo da segunda metade da década de 1990 até abril de 2000. A internet, tecnologia nova que permitia a comunicação interativa e a distribuição de informações a um custo irrisório e a uma velocidade sem precedente, parecia pura mágica: surgiriam novos negócios, as velhas leis econômicas estariam superadas e um mar de novas oportunidades se abriria. Os riscos, altíssimos, foram praticamente esquecidos.

O cenário aqui descrito fez com que se desenhasse uma autêntica corrida do ouro. O próprio fundador da Amazon.com, Jeff Bezos, utiliza precisamente essa expressão para justificar sua estratégia inicial de crescimento a qualquer preço. Literalmente, bilhões de dólares de empresas tradicionais e da poupança de famílias foram destinados a investimentos em projetos de internet, criados às dezenas, em ritmo frenético. Por trás de tudo, além da aceitação meio mágica da tecnologia, havia outras grandes forças: empresas de TI, que inflavam ao máximo benefícios e oportunidades (afinal, boa parte dos bilhões se destinou à compra de "pás e picaretas"), e bancos de investimentos, que lideravam a especulação financeira. O fenômeno se perpetuou por tanto tempo e afetou tanto as economias norte-americana e mundial que preocupou seriamente o banco central dos EUA, cujo presidente à época, Alan Greenspan, na falta de uma explicação para a alta incrível das ações ".com" e de empresas de tecnologia em geral, batizou o momento de "exuberância irracional".

Os resultados não foram muito diferentes daqueles prenunciados pelos mais céticos. Após surgirem empresas sem planejamento estratégico, sem modelos de negócios realmente consistentes, sem foco algum e incapazes de gerar lucro, o castelo de cartas ruiu.[2] Bilhões de dólares foram perdidos e, de uma hora para outra, os investimentos em negócios relacionados com a internet passaram a ser malvistos.

Depois da tempestade

Passada a autêntica tempestade vivida no mercado de internet, as grandes lições são que os negócios de internet são possíveis e que a rede é compatível com empreendimentos rentáveis. Vários são os exemplos de negócios de internet já lucrativos, como os casos do onipresente Google <www.google.com>, da Amazon.com <www.amazon.com> — paradigma para o varejo online — e do notório eBay <www.ebay.com> — líder no mercado de leilões. No Brasil, desde 2003 alguns grandes varejistas já alegavam na imprensa operar "no azul", como o Submarino <www.submarino.com.br> e as Americanas.com <www.americanas.com.br>, que mais tarde vieram a se fundir e passaram a ter suas ações negociadas em bolsa por meio da empresa B2W <www.b2winc.com>, que também congrega o Shoptime <www.shoptime.com.br>, outro grande varejista online brasileiro. Além disso, mesmo que não façam vendas diretas na internet, praticamente todas as empresas do mundo utilizam a rede de alguma forma: para divulgação, contato com clientes, compras e interação com fornecedores, entre outras aplicações.

A verdadeira lição a se tirar do período da "exuberância irracional" é que tecnologia só não basta. O pensamento estratégico deve vir antes e as antigas leis econômicas continuam valendo,

---

[2] Em Porter (2001) há uma excelente análise do período, na qual o autor mostra como receitas superestimadas e despesas subestimadas também ajudaram a prolongar o período de valorização das ações.

especialmente aquela que diz que empresas só sobrevivem ao longo do tempo se tiverem vantagens competitivas que as façam ser lucrativas.

Para aproveitar adequadamente a internet em seus negócios, as empresas precisam entender as possibilidades que essa nova tecnologia traz e pensar estrategicamente como a internet pode ser útil aos seus negócios. É preciso saber identificar de que maneira a rede altera, ou pode alterar, a indústria, isto é, todo o segmento de mercado em que uma empresa atua, incluindo o comportamento e o poder relativo de clientes, fornecedores e parceiros. É necessário ainda analisar os impactos da internet nos produtos e em cada processo da empresa.

A internet e a estratégia das empresas

A internet é parte de um conjunto maior denominado tecnologia da informação (TI). Nesta, o que mais importa não são os circuitos impressos e os equipamentos diversos, embora muitas vezes isso seja esquecido, mas o que se pode fazer com eles e o valor que podem gerar para a empresa. E o que se pode fazer com a TI e com a internet, essencialmente, é gerar valor a partir da mudança na forma de se lidar com a informação. Segundo Porter (1999), essa mudança produz impacto em três dimensões fundamentais para as empresas:

❏ na organização da indústria — a internet altera a maneira pela qual as empresas interagem entre si. Há mudanças fundamentais na competição, e fornecedores, parceiros e clientes se comunicam com muito mais riqueza e velocidade, a um custo bem menor;
❏ na organização interna — a internet altera a maneira de as empresas coordenarem seus processos;
❏ no produto — em muitos casos, a internet permite que os produtos tenham cada vez mais informações embutidas.

A seguir, analisamos cada uma dessas três dimensões, de modo a tornar mais claro para você como planejar a utilização estratégica da internet em sua empresa.

A internet modifica a indústria

Nas diferentes atividades produtivas, em geral há várias empresas participantes, envolvidas desde a produção de matérias-primas até a fase em que o produto final chega ao consumidor. A forma pela qual essas diferentes empresas se relacionam configura uma *cadeia de suprimentos*. Nas mais diversas indústrias, a internet modifica substancialmente essa cadeia, já que muda a maneira de as empresas interagirem e também de se relacionarem com os consumidores finais, permitindo a desintermediação, um fluxo mais rápido e intenso de informações, maior riqueza em cada interação, entre outras mudanças.

Mas mudanças na cadeia de suprimentos nem sempre são boas. Eventualmente, a internet pode ser mais benéfica aos seus fornecedores do que a sua empresa; por exemplo, se ela possibilitar que eles atendam diretamente aos seus clientes. Além disso, o fato de os consumidores finais terem acesso a mais informações pode fazer com que os preços caiam, prejudicando mais ainda a lucratividade da sua empresa. Para precaver-se dessas ameaças e identificar as melhores oportunidades, você deve fazer uma análise do setor em que sua empresa atua, questionando o impacto da internet em cada uma das forças competitivas que afetam uma indústria.

A figura 1 sintetiza o impacto da internet no clássico diagrama das cinco forças de Porter (1986). A forma pela qual a internet afeta cada um desses fatores é que vai determinar, em cada indústria, que oportunidades e ameaças a rede representa.

Figura 1

IMPACTO DA INTERNET NO DIAGRAMA DAS CINCO FORÇAS DE PORTER

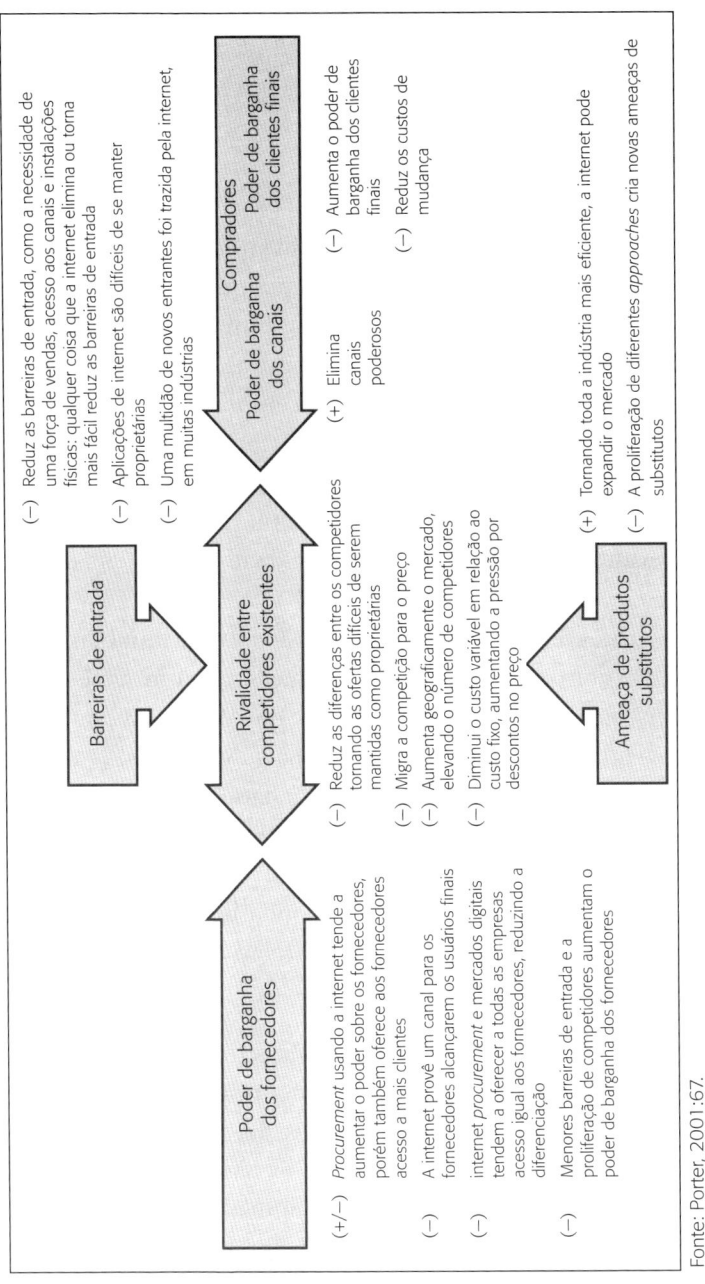

Barreiras de entrada

(−) Reduz as barreiras de entrada, como a necessidade de uma força de vendas, acesso aos canais e instalações físicas: qualquer coisa que a internet elimina ou torna mais fácil reduz as barreiras de entrada
(−) Aplicações de internet são difíceis de se manter proprietárias
(−) Uma multidão de novos entrantes foi trazida pela internet, em muitas indústrias

Compradores

Poder de barganha dos canais
(+) Elimina canais poderosos

Poder de barganha dos clientes finais
(−) Aumenta o poder de barganha dos clientes finais
(−) Reduz os custos de mudança

Rivalidade entre competidores existentes

(−) Reduz as diferenças entre os competidores tornando as ofertas difíceis de serem mantidas como proprietárias
(−) Migra a competição para o preço
(−) Aumenta geograficamente o mercado, elevando o número de competidores
(−) Diminui o custo variável em relação ao custo fixo, aumentando a pressão por descontos no preço

Ameaça de produtos substitutos

(+) Tornando toda a indústria mais eficiente, a internet pode expandir o mercado
(−) A proliferação de diferentes *approaches* cria novas ameaças de substitutos

Poder de barganha dos fornecedores

(+/−) *Procurement* usando a internet tende a aumentar a poder sobre os fornecedores, porém também oferece aos fornecedores acesso a mais clientes
(−) A internet prové um canal para os fornecedores alcançarem os usuários finais
(−) internet *procurement* e mercados digitais tendem a oferecer a todas as empresas acesso igual aos fornecedores, reduzindo a diferenciação
(−) Menores barreiras de entrada e a proliferação de competidores aumentam o poder de barganha dos fornecedores

Fonte: Porter, 2001:67.

E-COMMERCE

Partindo da abordagem de Porter (2001), analisaremos a seguir as possíveis ameaças e oportunidades que a internet pode representar em cada uma das cinco forças do modelo.

Barreiras à entrada

De modo geral, a internet facilita o acesso de novos entrantes nos mais diferentes mercados, por sua própria natureza de rede global de comunicação. Ao diminuir as barreiras à entrada nas diferentes indústrias, a internet traz mais ameaças do que oportunidades. Por outro lado, sua empresa pode entrar em novos mercados, o que é uma boa oportunidade para ampliar sua lucratividade, especialmente se seu produto ou serviço conseguir tirar proveito de ganhos de escala, situação em que quanto mais unidades você vende, mais lucratividade você obtém, por diluir mais os custos fixos no preço final.

Duas ameaças às barreiras à entrada também podem surgir: com a internet fica mais fácil para um novo entrante estabelecer-se no mercado sem ter que desenvolver uma força de vendas e uma estrutura de canais avançados, já que pode vender diretamente pela rede. Além disso, se a internet diminui a fidelidade de seus clientes, também facilita a entrada de novos concorrentes na indústria.

Algumas perguntas podem ajudá-lo na análise específica da indústria da sua empresa em relação à ameaça de novos entrantes.

- Sua indústria possui características regionais e culturais, ou é uma empresa que pode facilmente atuar globalmente?
- Seus produtos exigem serviços de pós-venda localizados geograficamente?
- A internet representa uma oportunidade de fidelização maior de seus clientes, pela possibilidade de personalização, como

ocorre no caso da Amazon.com <www.amazon.com>, ou, pelo contrário, ajuda a transformar o produto em uma *commodity*, dificultando a fidelização, como sugerem sites de busca online como o Buscapé <www.buscape.com.br>?
❏ As forças de vendas e canais de distribuição podem ser realmente substituídos em sua indústria?

Por exemplo: na indústria de software, a internet diminui muito as barreiras à entrada, pois os programas e até os serviços de suporte e atendimento podem ser oferecidos globalmente através da rede. De forma geral, isso representa uma ameaça para as empresas brasileiras da área, mas também pode significar uma oportunidade de elas se expandirem internacionalmente, já que a internet facilita a penetração em novos mercados. Por outro lado, no caso de pequenas livrarias situadas em cidades do interior, a internet representa uma séria ameaça, pois concorrentes globais, graças à rede, passam a entrar naqueles mercados regionais, oprimindo sua lucratividade.

Rivalidade entre os competidores existentes

No que diz respeito à rivalidade entre os concorrentes da indústria, a internet traz várias ameaças. Os concorrentes tendem a aumentar, especialmente se o produto for global. Além disso, a diferenciação é mais difícil, pois copiar um site, pelo menos na parte exposta para os usuários, requer menos investimentos do que copiar uma instalação física. E, por fim, a comparação de preços torna-se mais fácil, levando a base de competição para o preço e, por conseguinte, a uma redução das margens de lucro.

Em relação às oportunidades, elas também existem, especialmente se sua empresa for pioneira. Muito embora tudo que se faça usando a internet possa ser facilmente copiado pelos concorrentes, enquanto sua empresa for pioneira pode obter ganhos significativos por causa da tecnologia, além de também poder tentar se proteger contra cópias. A Amazon. com tem vários registros de patentes ligados à sua maneira de vender via internet; no Brasil, não é possível registrar *modelos de negócios*. Caso você consiga criar situações para tirar proveito do efeito rede — pois, à medida que cresce seu número de clientes, aumentam também os benefícios de seu produto e sua diferenciação —, a internet pode ser uma grande oportunidade de maiores lucros para a sua empresa.

Como a internet em geral aumenta a rivalidade entre os competidores, a marca torna-se um ativo de importância ainda maior para uma empresa se diferenciar de seus concorrentes. No mundo pós-internet, cuidar da marca é uma preocupação central, e cada ato da organização deve reforçar o posicionamento que se busca alcançar. No planejamento de marketing, não se pode esquecer que a internet é uma excelente ferramenta para o desenvolvimento de uma marca, como veremos adiante.

Deve-se tentar transformar em oportunidades as ameaças que a internet representa em relação aos concorrentes:

❏ analisando com cuidado os riscos e procurando gerar vantagens competitivas, de modo a descobrir oportunidades de usar a tecnologia de forma pioneira, destacando-se dos concorrentes;
❏ procurando oportunidades que gerem o efeito rede. Caso sejam encontradas, são fontes de vantagem competitiva sustentável para sua empresa, podendo significar genuínas vantagens competitivas e fontes de lucratividade;
❏ usando a internet para desenvolver mais a marca da sua empresa, aproveitando de preferência a interatividade e destacando-se dos concorrentes.

De modo geral, como a internet reduz as barreiras geográficas, ela tende a aumentar a rivalidade nas mais diferentes indústrias. Por exemplo, após a internet, todos os pequenos supermercados de bairro passaram a concorrer com mercados maiores, que vendem pela internet, como o Pão de Açúcar <www.paodeacucar.com.br>. Outra questão que retrata o aumento da rivalidade entre competidores promovido pela internet está nos sites de comparação de preços, como o brasileiro Buscapé <www.buscape.com.br>, que permite a um usuário visualizar o preço de um produto em diversos fornecedores em uma fração de segundos, ou ainda o Mercado do Preço <www.mercadodopreco.com.br>, que traz comparações de preços focadas nos supermercados. Isso leva a rivalidade no tocante a preços a aumentar, deprimindo as margens de lucro. De modo similar estão os sites de compras coletivas, como o Peixe Urbano <www.peixeurbano.com.br> e o GroupOn <www.groupon.com.br>, que se popularizaram em 2010 e oferecem uma nova alternativa para consumidores comprarem pagando preços menores.

Por outro lado, empreendimentos online que consigam se valer do efeito rede podem eliminar os rivais, obtendo margens mais altas. Um bom exemplo disso é a Catho <www.catho.com.br>, cujo serviço de recrutamento e seleção de profissionais fica melhor, mais valioso, portanto mais diferenciado, à medida que cresce a rede de empresas e profissionais que o utilizam. Outro exemplo é o Mercado Livre <www.mercadolivre.com.br>, site de leilões cujo serviço melhora com o aumento da rede de vendedores e compradores que nele atuam.

Ameaça de produtos substitutos

Ao criar a possibilidade de novos produtos e serviços, a internet pode limitar a lucratividade da indústria em que sua empresa atua, se esses novos produtos puderem ser substitutos daqueles que sua empresa comercializa. Por exemplo, se você estiver no ramo dos classificados de jornais, deve tomar cuidado. A internet desvaloriza o seu produto (anúncios de vendas em jornal), ao permitir que as pessoas façam negócios entre si por meio de leilões virtuais. Outro exemplo está no ramo da educação, já que a educação a distância pela internet (e-learning) pode ser uma ameaça à lucratividade das escolas tradicionais. Os questionamentos a seguir podem ser úteis para evitar surpresas com produtos substitutos.

❑ Que benefícios os produtos de sua indústria realmente proporcionam a seus clientes? A internet está trazendo, ou pode vir a trazer, produtos substitutos que também ofereçam esse mesmo conjunto de benefícios?
❑ O *know-how* da sua empresa pode ser utilizado, via internet, para criar novos produtos e serviços substitutos em outras indústrias, ou mesmo na sua própria indústria atual?

Em muitas indústrias em que a informação tem papel importante no produto ou serviço oferecido, a internet representa uma ameaça por causa dos produtos substitutos. Esse é o caso, por exemplo, dos blogs e outros sites de informação, que substituem o consumo de jornais e revistas, fenômeno que tem ocorrido em todo o mundo. Livros eletronicos e músicas no formato MP3 também têm alterado de forma substancial o mercado editorial e fonográfico, respectivamente. E também há casos mais indiretos, como o de ferramentas para interação a distância permitirem a substituição de viagens aéreas.

Compradores

No que diz respeito aos compradores, a internet também representa ameaças e oportunidades. No entanto, ela traz provavelmente mais ameaças, por aumentar o poder de negociação dos compradores. Se, por um lado, sua empresa pode atingir mais clientes diretamente, tornando-se menos dependente da força de vendas ou de canais, por outro, os compradores estão mais bem informados sobre produtos e preços, o que pode aumentar seu poder de barganha. Além disso, os clientes estão a apenas um clique do *mouse* de seus concorrentes, ou seja, o custo de mudar da sua empresa para um concorrente é reduzido, muito embora, por outro lado, pela percepção de risco envolvida com os negócios na internet, muitos consumidores podem ser até mais fiéis na rede do que fora dela.

Em diferentes indústrias, essas ameaças podem ser mais ou menos significativas. Além disso, conhecendo-as, pode-se trabalhar para reduzi-las. A seguir, elencamos alguns exemplos.

❏ Você pode utilizar a internet para fidelizar seus compradores, tentando aumentar os custos de uma mudança. Por exemplo, pode facilitar a recompra para seus clientes antigos, especialmente se personalizar a interação baseada no conhecimento prévio do cliente, como a Amazon.com faz corriqueiramente, sugerindo livros de autores ou sobre assuntos segundo o perfil de cada cliente.

❏ Se seus clientes são empresas, você pode utilizar a internet para interagir mais diretamente com elas, eventualmente integrando os sistemas das companhias, de forma a também aumentar os custos de uma mudança.

❏ Caso seu produto seja uma *commodity*, você pode usar a internet para agregar serviços diferenciados ou outros produtos, formando pacotes de difícil comparação por parte dos clientes.

Além dos sites de comparação de preços já mencionados, outros exemplos evidenciam o maior poder dos compradores com a internet. É possível acessar uma ferramenta de busca como o Google <www.google.com> e fazer uma pesquisa sobre um determinado produto que se queira comprar, não apenas para obter mais informações e procurar alternativas de preços, mas também para ler as opiniões de outros clientes que já os consumiram. Em muitos casos, esse mesmo tipo de busca em sites de relacionamento, como o Orkut <www.orkut.com> ou o Facebook <www.facebook.com>, também propicia informações detalhadas sobre clientes anteriores de um determinado produto ou serviço. Isso muda bastante a relação entre empresas e consumidores, forçando-as a manter um relacionamento de pós-venda permanente para se aproveitar efetivamente de indicações e do boca a boca.

Poder de barganha dos fornecedores

Um dos mais decantados benefícios da internet é a possibilidade de integração maior de uma empresa com outra. Estreitando laços com seus fornecedores, você pode ganhar em flexibilidade, qualidade e velocidade. Uma das tecnologias mais utilizadas é a do e-procurement, a possibilidade de uma empresa passar a fazer suas compras eletronicamente, geralmente com benefícios no tocante a preço e velocidade das aquisições. Apesar de essas oportunidades realmente existirem, os verdadeiros resultados são incertos, pois não é nem impossível nem improvavel que quem saia ganhando, efetivamente, na implementação de um relacionamento eletrônico seja o seu fornecedor. Ganhar ou perder com a adoção da internet no relacionamento entre empresas depende muito mais de poderes de barganha relativos do que de tecnologia.

A grande ameaça que a internet produz em relação ao poder de barganha dos fornecedores é a desintermediação. Em vários casos, a rede permite que o fornecedor da sua empresa passe a atender diretamente aos clientes que você atendia anteriormente, eliminando um intermediário do processo e absorvendo maiores margens.

Para a sua indústria específica, é recomendável que você mantenha uma visão de longo prazo e faça questionamentos como:

❏ quem tem maior poder de mercado, você ou seu fornecedor? Em qualquer dos casos, ao utilizar a internet no relacionamento com os fornecedores, procure sempre manter ou aumentar seu poder de barganha, fugindo de todas as situações em que possa ocorrer o contrário. É bom pensar também em como o poder de barganha relativo pode mudar ao longo do tempo;

❑ a internet ajuda seu fornecedor a se transformar em um concorrente? Reflita sobre essa ameaça, evitando o risco de seu fornecedor atender diretamente aos seus clientes, pois, eventualmente, isso fará sua empresa deixar de existir. A solução talvez não seja simples, podendo envolver uma mudança radical no seu negócio, a entrada em novos mercados ou até a compra de um fornecedor.

Em alguns setores, o impacto da desintermediação é forte. Por exemplo, a venda de passagens aéreas, antes intermediada por agências de viagens, passou a ser feita diretamente pelas companhias aéreas, por meio dos seus sites na web, o que, aliás, foi fundamental para a entrada da Gol <www.voegol.com.br> no mercado. Outra área em que isso é relevante é a da venda de computadores, principalmente com o surgimento da Dell <www.dell.com.br>, que se impôs a vários concorrentes a partir de suas vendas pela internet. Mesmo nos setores em que a desintermediação não se consuma completamente, como na venda de cosméticos e seguros, que continuam contando com intermediários entre as empresas de cosméticos e seguradoras e seus respectivos clientes, a internet impacta no relacionamento com tais intermediários, normalmente pressionando-os e aumentando o poder de barganha dos fornecedores.

Balanço das cinco forças de Porter

Ao permitir uma integração sem precedentes entre empresas, a internet está alterando as indústrias, mudando o poder relativo de compradores, fornecedores e seus concorrentes, assim como permitindo o aparecimento de novos produtos substitutos e facilitando a entrada de novos concorrentes no mercado. Há várias ameaças, muitas delas não percebidas pelos executivos. Transformar essas ameaças em oportunidades, porém, não é impossível, como ilustra o caso eBay, que soube construir um negócio que se aproveita do efeito rede e consegue fugir da guerra de preços, como informa Porter (2001:8):

> Vejamos o caso dos leilões na internet. Aqui, compradores e vendedores estão fragmentados e, por isso, têm pouca força. Substitutos, como anúncios classificados e mercados tradicionais de usados têm menos alcance e são menos convenientes. E, embora as barreiras à entrada sejam relativamente modestas, as companhias podem construir economias de escala, tanto em infraestrutura, quanto na agregação de muitos compradores e vendedores, o que detém novos competidores ou os coloca em desvantagem [por causa do efeito rede]. Finalmente, a rivalidade nesta indústria tem sido definida fortemente pelo eBay, o competidor dominante, que provê um mercado fácil de ser utilizado, no qual a sua receita vem de anúncios e comissões de vendas [...]. Quando a Amazon e outros rivais entraram no negócio oferecendo leilões gratuitos, o eBay manteve seus preços e perseguiu outros meios de conseguir atrair e reter clientes. Como resultado, a prática destrutiva da competição por preço de outros negócios online foi evitada.

A internet modifica a empresa

A partir de 1996, surgiu na imprensa o termo intranet (Hills, 1996), significando o uso de tecnologia da internet nas atividades internas de uma empresa: correio eletrônico interno e web interna, com acesso a sistemas gerenciais da empresa, organização de fluxos de trabalho, grupos de discussão, páginas de interesse dos funcionários, listas de ramais, especificações de produtos, entre outros recursos. As intranets passaram a fazer parte da vida das empresas. Mais adiante, estendendo o conceito de usar recursos da internet de forma privada, surgiu o conceito da extranet, que significa a criação de sites privados, com acesso permitido a um público restrito, geralmente de clientes ou parceiros, para a disponibilização de informações internas de uma empresa para outra.

Há décadas as empresas utilizam a TI nas suas atividades internas e vêm buscando a integração com fornecedores e clientes. O *electronic data interchange* (EDI) é utilizado desde a década de 1960, sendo uma forma de comércio eletrônico entre empresas anterior não só à internet, mas também aos microcomputadores.

Com os microcomputadores, as redes internas e a internet, as oportunidades de mudança que a TI passou a oferecer se tornaram muito mais acessíveis e impactantes, pois os computadores e outros dispositivos, como celulares, computadores de mão ou mesmo máquinas de uma fábrica, estão cada vez mais disponíveis e interligados, trocando informações cada vez mais ricas e em velocidades cada vez maiores. Sistemas diferentes podem ser utilizados em todas as atividades da empresa, integrados interna e externamente, graças à flexibilidade e ao poder dos padrões abertos da internet.

Ao fazer o planejamento da utilização da internet e da TI em sua empresa, o recomendável é que você examine detalhadamente, em cada atividade, como elas podem se beneficiar dos recursos que a tecnologia oferece. Além disso, procure conhecer também as atividades e processos de seus fornecedores e clientes, a fim de identificar as oportunidades de integração que a tecnologia permite.

Ao longo dos próximos capítulos deste livro, deteremos nosso foco especialmente nas possibilidades de uso da internet em atividades e processos de marketing e vendas. Contudo, é importante que você mantenha sempre a perspectiva de que o comércio eletrônico afeta toda a sua empresa e seu relacionamento não só com clientes, mas também com fornecedores e parceiros. Veja no quadro 1 alguns exemplos de impactos e oportunidades produzidos pela internet na gestão de uma empresa.

Quadro 1
IMPACTOS E OPORTUNIDADES DA INTERNET NOS PROCESSOS DE UMA EMPRESA

Tipo de processo	Impactos e oportunidades da internet
Infraestrutura gerencial	❏ Sistemas de gestão integrados à internet/web (ERP, business intelligence) ❏ Relação com investidores via web ❏ Relação com agentes de regulação do governo via internet
Gestão de RH	❏ Recrutamento e seleção via web ❏ Programas de benefícios, formulários de férias, relatórios de despesas, ramais internos, treinamento online e outras ferramentas de RH na intranet
Desenvolvimento de produtos	❏ Ferramentas para colaboração a distância em projetos, permitindo a integração e a comunicação via grupos de discussão, e também a organização do conhecimento ❏ Ferramentas de gestão de projetos
Gestão de aquisições	❏ Sistemas de compra, cotações e leilões eletrônicos, permitindo o e-procurement ❏ Integração com bancos e fornecedores, permitindo encomendas e transações em larga escala, em tempo real e com alta precisão
Logística e operações	❏ Ferramentas que integram todo o ciclo da logística, inclusive contatos com fornecedores, distribuidores e clientes, permitindo maior controle, maior precisão e economia com estoques

continua

Tipo de processo	Impactos e oportunidades da internet
Marketing e vendas	❏ Sites de vendas online ❏ e-CRM e tecnologias de atendimento e personalização ❏ Interação via chat, fóruns e correio com clientes para vendas e relacionamento ❏ Gerência remota e integração em tempo real com equipes de vendas remotas ❏ Propaganda na internet
Pós-venda	❏ Suporte a distância via chat, e-mail, fóruns e outros sistemas interativos da internet ❏ Sistemas diversos de suporte de autosserviços, que permitem ao cliente acompanhar pedidos, executar pagamentos, adquirir complementos ao produto ou serviço comprado, entre outros recursos ❏ Acesso em tempo real, para as equipes de serviço, via extranet, a informações internas ❏ Criação de comunidades online reunindo grupos de clientes

Fonte: Adaptado de Porter, 2001:75.

Como se observa no quadro 1, a internet tem afetado a gestão das empresas de muitas maneiras, sendo o seu impacto bem mais abrangente do que simplesmente seu uso para efetuar vendas. Em particular, vale destacar a importância do e-procurement — a possibilidade de fazer aquisições de bens e serviços eletronicamente. Empresas e órgãos públicos podem utilizar a internet não só para fazer compras, mas também para capacitar e selecionar fornecedores, divulgar pedidos e obter cotações, realizar pregões eletronicamente e acompanhar todo o ciclo da logística. No setor público, o Comprasnet <www.comprasnet.gov.br>, que concentra as licitações da União, é considerado uma referência internacional, propiciando tanto maior velocidade nas licitações, quanto economias no valor das compras. No setor privado, diversas empresas, em geral de porte médio ou grande, mantêm seus próprios investimentos em e-procurement, como a CSN <www.csn.com.br>. Ainda no setor privado, há o Mercado Eletrônico <www.me.com.br>, que intermedia negócios entre milhares de empresas no Brasil, ou ainda, globalmente, o Alibaba <www.alibaba.com>, que também intermedia milhares de negócios entre empresas de dezenas de países.

Mesmo que nos atenhamos apenas aos processos de marketing, vendas e pós-venda, é fundamental notar que a internet permite muito mais do que apenas a venda online. O termo e-business, criado pela IBM, tem exatamente essa conotação, indo além do conceito de comércio eletrônico. Ao usar a internet para fazer negócios, uma empresa muda tanto sua maneira de fazer vendas e compras com seus clientes e fornecedores, quanto sua forma de atender e de se relacionar com seus clientes, fornecedores e colaboradores. Muda ainda seu modo de efetuar várias atividades, como marketing, recrutamento e seleção, gerenciamento da logística, entre outras. Todo esse contexto é que caracteriza o e-business e revela a importância da internet para as empresas.

A internet transforma os produtos

Depois de ter pensado estrategicamente o setor no qual sua empresa atua, você pode identificar as ameaças e oportunidades que a internet traz para o ambiente em que sua empresa está inserida. Com base nisso e fazendo uma análise adequada dos processos de sua empresa, de seus fornecedores e de seus concorrentes, você terá dado um passo maior, procurando entender em que atividades de sua empresa a internet pode ser aplicada de modo a gerar maiores vantagens competitivas. Para completar seu planejamento estratégico de uso da internet em sua empresa, resta examinar uma dimensão: os impactos da internet em seus produtos.

Dependendo do produto, a internet pode modificá-lo muito ou pouco. De modo geral, quanto mais informação um produto contiver, maiores as possibilidades de a internet transformá-lo significativamente. Após a internet, os jornais e revistas nunca mais foram os mesmos, embora ainda não se saiba exatamente em que se tornarão. Os CDs de música já estão desaparecendo, os livros podem mudar radicalmente nos próximos anos (em 2010, a Amazon.com relatou que o Kindle, seu leitor de livros eletrônicos, é o produto mais vendido de toda a sua história), os serviços bancários mudaram radicalmente, para citar apenas alguns casos. Por outro lado, com a ubiquidade da internet e o baixo custo dos diversos sistemas de TI, diferentes produtos vêm agregando cada vez mais conteúdo de informação: temos carros com mapas de ruas, endereços de oficinas e conectados à fábrica para a troca de informações; geladeiras que se conectam a supermercados; fornos de micro-ondas que cada vez mais sabem o que fazer automaticamente com a comida; carros equipados com GPS que verificam os postos de combustível mais próximos, informando inclusive seus preços e avaliações de qualidade de outros clientes; telefones celulares com todas as funcionalidades de um computador, conexão com a internet e milhares de aplicativos, entre outros exemplos.

Ao pensar nos impactos da internet sobre os produtos com que sua empresa trabalha, é importante que você se concentre nos benefícios que podem proporcionar ao consumidor e não apenas em suas características. Com isso, você manterá sua mente aberta o bastante para conseguir realmente enxergar mais longe e surpreender a concorrência, em vez de ser surpreendido por ela. O que os consumidores estão de fato comprando quando se matriculam em um curso online? Um diploma, conhecimento, crescimento profissional, conveniência? Pense bem: que benefícios os consumidores estão realmente comprando da sua empresa, e como a internet se relaciona com eles e os afeta? Questione ainda: será que a internet está alterando (ou poderia alterar) a maneira de as pessoas perceberem o meu produto?

Lembre-se: não é apenas o seu produto que pode estar mudando, as pessoas também estão mudando por causa da rede, e essas mudanças podem alterar o comportamento delas em relação ao seu produto.

Novos paradigmas

As mudanças rápidas e frequentes causadas pela tecnologia são uma fonte constante de risco para as empresas. As mudanças produzidas pela internet podem alterar repentinamente paradigmas de negócios e pegar de surpresa indústrias inteiras, liquidando ou dificultando as formas tradicionais de fazer negócios. E, para criarem defesas, não basta que as empresas participem da internet com um site. É preciso que estejam permanentemente atentas às mudanças tecnológicas e culturais, sabendo que os negócios eletrônicos exigem lidar com tecnologias e comportamentos em evolução constante.

Essa pode parecer uma afirmação da época do *boom* da internet, dos tempos da "exuberância irracional", mas não é. Muitas organizações, por não conseguirem prever a evolução da rede, são surpreendidas e enfrentam graves dificuldades. Para conseguir elaborar uma estratégia de sucesso, não basta que a empresa compreenda a internet de hoje. É preciso que descubra como a tecnologia e os usuários da tecnologia se comportarão no futuro.

Ao planejarem seu uso da internet, é comum que as empresas se esqueçam de quão voláteis são a tecnologia e o comportamento do consumidor. Fazem planos estratégicos analisando a internet por meio do paradigma tecnológico e cultural de hoje, ignorando as profundas mudanças que a rede sofre a cada ano. Para compreendermos como os paradigmas influenciam o planejamento das empresas, vamos analisar um exemplo prático de como o olhar viciado nas tecnologias do presente pode afetar nossa forma de ver o futuro. Vamos tentar prever o futuro de uma tecnologia surgida há pouco tempo: o e-book.³

Pare um pouco de ler e medite: o e-book vai substituir o livro comum? A maioria das pessoas diria: "Não, porque o e-book é muito caro. Porque a bateria dura *pouco*. Porque não há obras suficientes disponíveis. Porque é frágil e pode quebrar. Porque ler na tela é desconfortável. Porque o uso é complicado. Porque, por questões culturais, somos apegados aos livros. Porque gostamos de rabiscar e fazer anotações nos livros..." E darão ainda muitas outras razões. Porém, essa argumentação é frágil e viciada. Quem pensa assim está analisando o futuro a partir de paradigmas da tecnologia atual — ou mesmo de há alguns anos. A pergunta se refere ao futuro, e o futuro não pode ser julgado pela tecnologia disponível hoje. O futuro precisa ser observado no contexto correto, sob o prisma das tecnologias que ainda surgirão. É um trabalho difícil, mas necessário.

Para analisar o futuro dos livros eletrônicos, imagine a seguinte situação: você está na praia com seu filho daqui a 10 anos. Você está lendo um livro tradicional e ele, um e-book. De repente, seu filho lhe diz:

— Pai, como você é antiquado! Não há razão para você ler livros em papel. Com um e-book você não ia precisar usar óculos, porque o tamanho da letra é ajustável. Além disso, é muito mais leve e flexível, praticamente da espessura de uma folha de papel. E é impermeável, se cair na areia ou na água não estraga.

---

³ Pode-se considerar o e-book, nesse contexto, como qualquer forma de livro eletrônico, para ser lido em computadores tradicionais, notebooks, palms ou em equipamentos especiais.

O rapaz pensa um pouco mais e continua:

— Com o e-book você pode ver pinturas de todas as cenas do livro. Pode ouvir o livro deitado, enquanto toma sol de olhos fechados. Pode ler entrevistas com o autor e com críticos, e consultar o dicionário se não entender alguma palavra. Pode ler versões em outros idiomas. Pode ler no escuro, porque a tela pode ser iluminada. Pode obter, pela internet sem fio, qualquer livro do seu interesse, pagando menos do que por um livro impresso. Pode fazer anotações coloridas e gravar comentários...

Muitas das tecnologias descritas no último parágrafo já estão disponíveis ou prestes a ser lançadas em e-books da Amazon, da Sony e de outros fabricantes. Mas, então, qual a importância do exemplo do e-book para o planejamento estratégico das empresas? Bem, assim como é perigoso julgar o futuro do e-book analisando apenas a tecnologia aplicada hoje aos livros eletrônicos, é extremamente arriscado julgar como a internet afetará uma organização sem uma boa análise das mudanças que a tecnologia sofrerá nos próximos anos. Hoje, um computador de mão tem centenas de milhares de vezes a memória de um microcomputador de mesa de 20 anos. E custa, em dólares, mais ou menos o mesmo. A tecnologia muda rapidamente, e os negócios eletrônicos afetarão drasticamente quase todas as empresas.

Ao planejar as consequências da rede para uma organização, é preciso ter muito cuidado para não cair na armadilha de tentar prever o comportamento futuro do mercado olhando para a internet de hoje. Muitas empresas cometeram esse erro e perderam espaço no mercado. Há 10 anos, as gravadoras pensavam: "Por que me preocupar com a internet? Ela é lenta demais para transmitir músicas com qualidade". As gravadoras estavam certas, considerando a tecnologia da época. Mas, com o tempo, a internet tornou-se mais rápida, surgiu o MP3, e as gravadoras pagam o preço de ter julgado o futuro baseando-se em tecnologias que ficaram ultrapassadas.

Falar em quebra de paradigmas pode parecer desgastante. Mas, para planejar bem o futuro de uma empresa, é preciso conseguir abstrair-se das limitações atuais da rede. É preciso pensar na tecnologia como um *continuum* de mudanças, que leva a uma comunicação cada vez melhor entre todas as pessoas e organizações em algum momento do futuro. No próximo tópico, veja como dois paradigmas emergentes, o da cauda longa e o da economia do grátis, podem estar mudando várias indústrias.

Paradigmas emergentes: cauda longa e economia do grátis

Com a internet, diversos paradigmas de negócios emergentes vêm surgindo, a partir das mudanças de hábitos que a tecnologia propicia. Nesta seção, comentamos dois deles, ambos enunciados pela primeira vez por Chris Anderson, em seus livros *A cauda longa* (2006) e *Free: the future of a radical price* (2009).

Primeiramente, examinemos como o varejo via internet difere do varejo tradicional por romper com barreiras de espaço físico e logística. Para vender em uma loja tradicional — por exemplo, uma loja de música —, era necessário prensar as músicas em um CD, embalá-lo, enviá-lo do fabricante ao varejista, desembalá-lo e colocá-lo na prateleira. Somente depois desses passos, cada um deles custando tempo e dinheiro, é que um cliente poderia fazer a aquisição das músicas. O resultado é que a maior parte dos varejistas só aceitava encomendar CDs de artistas mais conhecidos. O mercado de CDs era movido por grandes *hits*, por artistas de massa. Artistas menos conhecidos tinham pouco espaço, pois os custos da prensagem, da distribuição e do espaço ocupado nas prateleiras, pela baixa escala das vendas, não eram tão atrativos.

Com a venda de músicas online, essa situação mudou radicalmente. A música é consumida por meio de um arquivo eletrônico, cujo espaço ocupado em disco na loja virtual tem um custo desprezível. Com as ferramentas de busca e sistemas de indexação por gêneros musicais, ou mesmo a partir do gosto do cliente via uso de tecnologias de personalização, a prateleira virtual não só tem espaço ilimitado, mas se apresenta de forma bem mais cômoda e agradável para os clientes. E mais, os próprios artistas podem fazer suas páginas e promover suas músicas, atraindo um público específico, formando comunidades virtuais que se transformam em verdadeiros nichos de mercado. E esses nichos agora podem ser explorados de forma lucrativa, pois os custos de armazenamento e distribuição das músicas digitais também são desprezíveis.

Estudando os mercados de músicas, aluguel de DVDs e compra de livros nos sites Rhapsody <www.rhapsody.com>, Netflix <www.netflix.com> e Amazon <www.amazon.com>, Chris Anderson (2006) observou claramente essa tendência. A figura 2 mostra como esses sites oferecem uma variedade de títulos bem maior do que seus concorrentes tradicionais, o Walmart, a Blockbuster e a Borders, respectivamente. A figura 2 também mostra que as vendas desses títulos que não constam do catálogo dos varejistas tradicionais são expressivas.

Os dados mostram que, nos setores de música, DVDs e livros, há um número substancialmente maior de títulos disponíveis no varejo online e que as vendas dos títulos não disponíveis no varejo tradicional, isto é, os títulos de nicho a que nos referimos, são relevantes. Uma discussão, provavelmente ainda sem os contornos totalmente definidos, é até que ponto essa característica se estende também a outros setores e o quanto ela se acentuará nos setores em que já pode ser observada. Como em muitos momentos em que se analisa o impacto da internet na economia, a resposta à primeira questão certamente tem a ver com o peso da informação no produto que está sendo vendido. Por exemplo, no caso dos serviços de notícias é provável que ocorra um fenômeno similar, enquanto no caso da comercialização de alimentos, um bem perecível e não digitalizável, a força do fenômeno será menor. Quanto à questão de prever se o fenômeno vai se acentuar ou não, a tendência é que sim, uma vez que as pessoas estão se acostumando mais ao varejo online e as tecnologias de digitalização facilitam para os autores de nicho a disponibilização de seus trabalhos na internet.

Figura 2
CATÁLOGO E VENDA DE TÍTULOS DE NICHO EM MÚSICA, DVDs E LIVROS

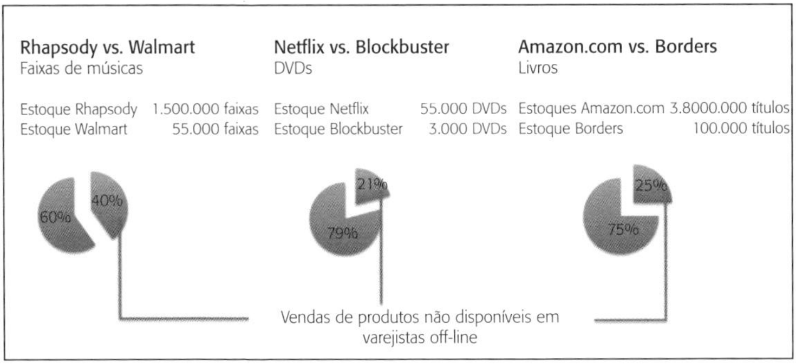

Rhapsody vs. Walmart	Netflix vs. Blockbuster	Amazon.com vs. Borders
Faixas de músicas	DVDs	Livros
Estoque Rhapsody 1.500.000 faixas	Estoque Netflix 55.000 DVDs	Estoques Amazon.com 3.8000.000 títulos
Estoque Walmart 55.000 faixas	Estoque Blockbuster 3.000 DVDs	Estoque Borders 100.000 títulos
60% / 40%	21% / 79%	25% / 75%

Vendas de produtos não disponíveis em varejistas off-line

Fonte: Adaptado de Anderson, 2006:22.

Anderson (2006) batizou esse fenômeno de "cauda longa", pois, ao fazer um gráfico traçando as vendas de músicas na Rhapsody, observou que, listando todas as músicas vendidas pelo site, uma quantidade imensa de títulos diferentes era vendida, gerando uma curva com uma cauda enorme, praticamente sem fim. A figura 3 traz o desenho da cauda longa, novamente a partir de dados do Rhapsody apresentados por Anderson (2006).

Figura 3
A CAUDA LONGA

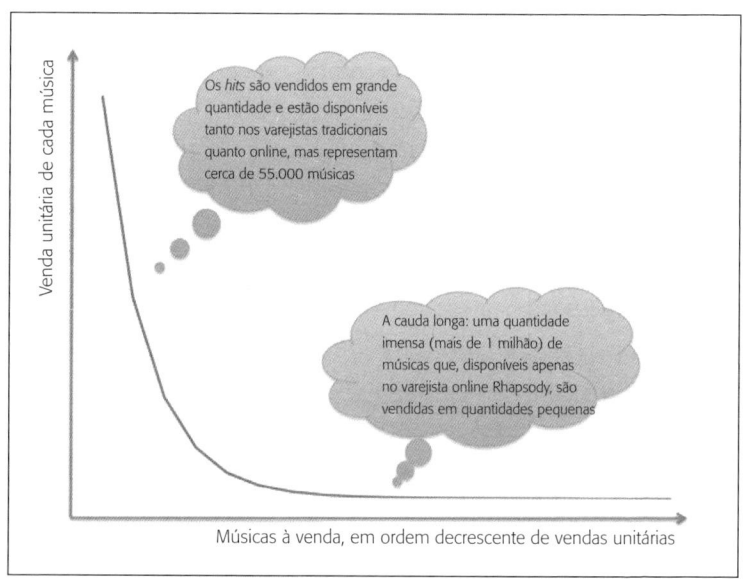

Venda unitária de cada música

Os *hits* são vendidos em grande quantidade e estão disponíveis tanto nos varejistas tradicionais quanto online, mas representam cerca de 55.000 músicas

A cauda longa: uma quantidade imensa (mais de 1 milhão) de músicas que, disponíveis apenas no varejista online Rhapsody, são vendidas em quantidades pequenas

Músicas à venda, em ordem decrescente de vendas unitárias

Fonte: Adaptado de Anderson, 2006:23.

Outra grande mudança propiciada pela internet é a disponibilização gratuita de uma série de serviços e produtos por meio da rede. O onipresente Google <www.google.com> talvez seja o grande exemplo: é extremamente útil para uma enorme parcela da população mundial e seu serviço nos é oferecido de forma inteiramente gratuita. Como isso é possível? Aliás, como é possível que o próprio Google também ofereça gratuitamente um serviço de correio eletrônico altamente competitivo <www.gmail.com>, um serviço de vídeo usado por milhões <www.youtube.com>, uma agenda eletrônica completa, cheia de funcionalidades <www.google.com/calendar> e até mesmo uma suíte de aplicativos, o Google Docs?

No caso do Google, a resposta não é muito complexa. A empresa vive quase que totalmente de receitas de propaganda, funcionando de modo parecido ao dos canais de televisão de rede aberta, isto é, oferecendo conteúdo e serviços gratuitos a uma grande quantidade de pessoas em troca de propaganda. O engenhoso modelo de propaganda criado pelo Google será objeto de análise no capítulo 3.

Mas a economia do grátis, conforme identificou Anderson (2009), não para no Google e em seu modelo de serviços gratuitos oferecidos mediante a venda de propaganda. O autor identifica pelo menos outras quatro tendências que levam à queda dos preços ou à disponibilização de serviços inteiramente gratuitos na internet:

- *Custo marginal zero* — é uma característica dos bens baseados na informação digitalizada. Seu custo de produção e distribuição é virtualmente zero e muito mais baixo que o de bens físicos e tangíveis. Por exemplo, os custos de gravação de uma música ou filme, e também de sua distribuição digital, são infinitamente inferiores aos incorridos antes da digitalização e da internet. Isso possibilita preços baixíssimos, em muitos casos próximos de zero.
- *Subsídios cruzados* — ocorrem quando a venda a baixo preço ou a disponibilização gratuita de um produto é realizada para estimular o consumo de outro. Por exemplo, artistas disponibilizam suas músicas gratuitamente pela internet ou até por camelôs para se tornarem mais populares e ganharem mais dinheiro realizando shows.
- *Trocas* — nenhum usuário paga, pois o simples uso de um site ou serviço já basta para a criação de valor. Quando um usuário participa de certos sites online, por exemplo produzindo e votando em notícias do site Digg <www.digg.com>, está contribuindo para melhorar o serviço que, em troca, utiliza.
- *Doações* — em uma economia em que uma parcela bastante significativa da sociedade já tem suas necessidades principais e até algumas supérfluas atendidas, é cada vez mais claro que

o dinheiro não é a única motivação e que as pessoas criam produtos e serviços pelo simples prazer de fazer coisas boas, de contribuir, como no caso do *software* livre ou da Wikipedia <www.wikipedia.org>.

Os paradigmas apresentados nesta seção mostram que a internet está mudando aspectos fundamentais, ao permitir seja a criação muito maior e mais relevante de mercados de nicho, seja a venda gratuita ou a preços muito baixos de uma maior quantidade de produtos e serviços. Essas são tendências a serem observadas nos próximos anos, mas certamente não serão as únicas. Precisamos manter nossas mentes abertas a novas possibilidades e a influências inovadoras, pois é certo que elas virão e trarão novas oportunidades. Na próxima seção, analisaremos alguns modelos de negócio propiciados pela internet, para completar essa discussão.

Modelos de negócio e receita na internet

No auge da popularidade dos investimentos em negócios na internet, quando ainda não se sabia direito que negócios dariam certo usando a internet, bancos e investidores chegavam a receber, mesmo no Brasil, dezenas de planos de negócios por semana. Para facilitar o entendimento rápido dos negócios e ajudar na filtragem de tantos planos, o mercado desenvolveu alguns rótulos para descrever diferentes tipos de negócios online, que ficaram conhecidos como modelos de negócios online. Considerando-se a quantidade de planos de negócios que estavam surgindo e as novidades trazidas pela internet, foram imaginados inúmeros modelos, com siglas como B2C, B2B, G2C e outras.

Passados alguns anos, com o amadurecimento dos mercados e um histórico maior de como ganhar dinheiro com a internet, o uso desses rótulos para representar "modelos de negócios" perdeu importância. A verdade é que todos sabemos que a internet serve para que empresas vendam seus produtos para consumidores (B2C, do inglês *business to consumer*) e para que transacionem entre si (B2B, do inglês *business to business*). Da mesma forma, todos também já tivemos acesso a serviços prestados online pelo governo (G2C, do inglês *govern to citizen*) e sabemos da popularidade dos sites de leilão, que permitem que pessoas vendam e comprem bens umas das outras (C2C, do inglês *consumer to consumer*).

Se a discussão das siglas que designam tipos de negócios online não é tão proveitosa, vale a pena listar as principais maneiras de se obter receita pela internet, o que alguns autores denominam "modelos de receitas".

- *Venda* — trata-se simplesmente da venda de um produto ou serviço online. É a principal forma de ganhar dinheiro dos varejistas online, como a Americanas <www.americanas.com>.
- *Comissões por transação* — é a cobrança de uma taxa para cada transação efetuada em um site. É a principal fonte de receita dos sites de leilão, como o Mercado Livre <www.mercadolivre.com.br>, podendo ser cobrado tanto um valor fixo quanto uma comissão percentual. Alguns varejistas também pagam comissões para quem lhes indica clientes, como o Submarino, que mantém um esquema de usuários que podem se registrar para fazer indicações <www.submarino.com.br/afiliados>.
- *Taxas de anúncios* — é a taxa cobrada de um anunciante em um site. É a principal forma de financiamento do Google <www.google.com> e de inúmeros outros sites com informações e serviços disponíveis na internet, podendo-se cobrar levando em conta o número de cliques em cada propaganda, ou o número de vezes que o anúncio é veiculado.
- *Assinaturas* — é o valor cobrado de um cliente e que lhe dá o direito de usar um serviço durante algum tempo. Muito

comum na venda de um nível *premium* de acesso em sites que oferecem serviços. É o caso do Flickr <www.flickr.com>, site de fotografias que cobra uma anuidade dos clientes que desejam hospedar uma grande quantidade de fotos. E também o caso de serviços de alguns jogos para vários jogadores online, como o World of Warcraft <www.worldofwarcraft.com>, que possui milhões de assinantes.

Em diferentes contextos e mercados, um determinado modelo de receita pode funcionar com maior ou menor sucesso, havendo ainda espaço para a experimentação e a criatividade. Todos os modelos de receita citados, que podem ser combinados em um mesmo site, apresentam grandes casos de sucesso, conforme registrado acima. Em cada mercado, é preciso refletir, analisar e experimentar para poder se decidir pelos modelos mais adequados. Um exemplo interessante é a disputa entre a Apple, com sua loja de música iTunes, e a Microsoft, com sua loja ZunePass. Em maio de 2009, a Apple vendia músicas pelo valor unitário de US$ 0,69, US$ 0,99 ou US$ 1,29, enquanto a Microsoft anunciava agressivamente que, utilizando seu modelo de assinaturas, o cliente gastaria muito menos, pagando apenas US$ 14,99 por uma assinatura mensal com direito a acesso ilimitado às músicas. A figura 4 traz uma reprodução dessa campanha do serviço da Microsoft.

Figura 4
ZUNEPASS VS. ITUNES: ASSINATURA VS. VENDA UNITÁRIA DE MÚSICAS

ZUNEPASS
unlimited music for $14.99 a month.

"don't give up music.
just change the way you pay."

There's no reason to sacrifice something you enjoy if you can actually get more of it for less. Switch to Zune Pass, and download as many songs as you want for $14.99 a month.

Try Zune Pass free for 14 days

A campanha da Microsoft, proprietária do serviço ZunePass, era focada na diferença entre seu modelo de pagamento por assinatura e o modelo do iTunes, da Apple, no qual o usuário paga por música que decide baixar. (Fonte: reprodução do site www.zune.com, acesso em amio de 2009).

A seguir, um sumário dos desafios e oportunidades de se fazer negócios online.

Desafios e oportunidades de estar online

Ao longo deste capítulo, observamos vários desafios que a internet impõe às empresas, e focalizamos nossa atenção, até agora, nas questões estratégicas. Para que se consiga ser bem-sucedido usando a internet nos negócios, há ainda outros desafios a serem considerados, de natureza mais operacional e tática.

Um desafio básico é o tamanho do mercado. Em muitos casos, os investimentos em negócios online não são bem-sucedidos, ou são limitados, porque o mercado consumidor ainda é muito pequeno, não sendo suficiente para dar retorno aos investimentos. Por exemplo, não adianta você desenvolver um serviço de ensino a distância completo, 24 horas por dia, sete dias por semana, sempre com professores disponíveis, se o número de alunos for pequeno, não lhe proporcionando o retorno adequado para o negócio.

Outra questão a tratar é a possibilidade de a internet ocasionar conflitos entre sua empresa e seu canal tradicional de vendas. O que os parceiros da Microsoft pensariam se ela começasse a vender software diretamente a seus clientes pela internet? Como, para muitos produtos, o mercado online é bem menor que o mercado tradicional, muitas vezes a ocorrência de fortes conflitos com o canal de distribuição tem levado as empresas a utilizar a internet para fortalecer o canal tradicional, como é o caso da Sul América Seguros, que com seu Portal do Corretor <http://naconline.com.br> usa a internet para apoiar o trabalho de seus corretores.

A tecnologia e sua operação impõem outros sérios desafios aos negócios online. Definitivamente, o mundo da TI não é simples, ainda mais quando se pensa na integração de sistemas entre empresas. As dificuldades abrangem desde questões básicas, como a criação de sites seguros e de fácil utilização, até questões bastante complexas, como a integração dos sistemas de logística de duas empresas. A logística, aliás, é um desafio fundamental do comércio eletrônico, indo do relacionamento entre empresas até a casa de cada consumidor final. Ao longo do próximo capítulo, estudaremos as diversas questões relativas aos desafios da tecnologia e da operação de negócios na internet.

Outro desafio fundamental é o entendimento do público-alvo. Será que o consumidor dos produtos de *sua* empresa está na internet? Quando estará? E como ele se comporta, quanto compra, como a propaganda pela internet o atinge? Será possível desenvolver algum nível de lealdade em seu consumidor online, ou ele comprará sempre pelo menor preço? Que meios de pagamento ele aceita usar? Todos estes são questionamentos que o profissional de marketing deve sempre se fazer.

Se há desafios, por outro lado, também há oportunidades. O quadro 2 apresenta um resumo das principais oportunidades trazidas pelo comércio eletrônico, com a descrição de cada uma delas.

Como já deve estar claro para você, após a leitura completa deste capítulo, o aproveitamento dessas oportunidades não é automático, depende de cada indústria específica, do posicionamento, do planejamento e do poder de barganha de cada empresa. Mas você pode estar certo de três coisas ao refletir sobre o comércio eletrônico e a internet nos negócios: as alterações são muitas e afetam a estrutura do mercado, as empresas internamente e seus produtos; há paradigmas emergentes e espaço para o surgimento de mais inovações, e nós devemos nos desafiar a pensar utilizando paradigmas inovadores; o que sustenta as empresas ainda é a lucratividade e a busca por um posicionamento único e defensável ao longo do tempo.

Quadro 2
OPORTUNIDADES DO COMÉRCIO ELETRÔNICO

Oportunidade	Descrição
Alcance global	Pela internet, é possível efetuar vendas para qualquer pessoa que esteja online
Redução de custos	O custo da venda online é muito menor do que o das lojas físicas, pois não há aluguel ou vendedores e um site pode atingir uma enorme quantidade de clientes
Maior integração da cadeia de suprimentos	A cadeia de suprimentos pode funcionar com informações atualizadas em tempo real, o que agiliza entregas e diminui estoques e custos
Funcionamento 24h/7 dias por semana	Sua loja online não precisa fechar em nenhum horário, porque não depende de ter pessoas trabalhando todo o tempo
Personalização	É possível personalizar a vitrine ou os serviços de um site de acordo com o perfil do cliente
Maior velocidade para vender um produto	O chamado *time to market*, o tempo que se leva para conseguir vender um novo produto, é menor online, pois o esforço necessário de divulgação e treinamento da força de vendas é bem menor
Eficiência nas aquisições com e-procurement	O uso de tecnologias de compras online pode gerar eficiência
Melhor relação com clientes	É possível gerenciar melhor o atendimento de pós-venda aos clientes
Informações corporativas atualizadas	É mais fácil e mais barato manter as informações da empresa sempre atualizadas online

Fonte: Adaptado de Turban et al., 2007.

O próximo capítulo tratará dos principais aspectos tecnológicos da internet. Entendendo-os, você será capaz de contratar e avaliar serviços e soluções tecnológicas com segurança.

2

Tecnologia e segurança

Neste capítulo abordaremos questões que dizem respeito às operações de comércio eletrônico, às tecnologias envolvidas e aos aspectos relacionados com a segurança das informações. O objetivo é permitir que você se sinta mais seguro para trabalhar nesse meio, e também para avaliar e contratar soluções com fornecedores da área.

Desenvolvendo um sistema de e-commerce

Quando se pensa em um sistema de comércio eletrônico, não se pode deixar de analisar que, independentemente de o meio ser digital, não deixa de ser comércio. Dessa forma, o primeiro elemento a definir é o que vender. Deve-se pensar desde o produto até o público-alvo e desenhar uma estratégia de marketing adequada, conforme discutido anteriormente.

O segundo elemento a ser definido é o lugar onde se vai vender o produto. No caso do comércio eletrônico, esse lugar, normalmente, é um site na web ou website.

Figura 5
UM FRAMEWORK PARA O E-COMMERCE

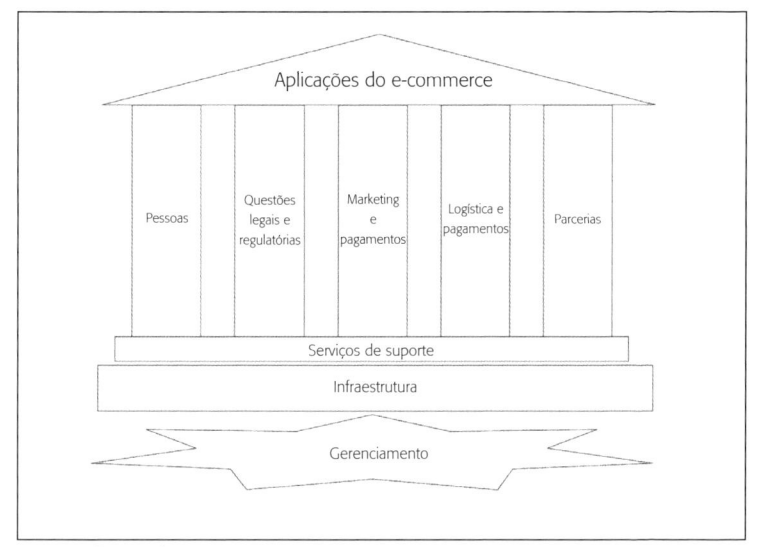

```
                    Aplicações do e-commerce

   Pessoas    Questões    Marketing   Logística e   Parcerias
              legais e        e        pagamentos
              regulatórias  pagamentos

                      Serviços de suporte
                         Infraestrutura
                         Gerenciamento
```

Fonte: Turban et al., 2007.

No site, deverá haver uma maneira de aceitar pedidos e também uma forma de aceitar dinheiro, como um sistema de autorização de cartões de crédito. Em seguida, o sistema deverá interagir com alguma forma de processar pedidos, para que o produto seja entregue ao cliente. Em alguns casos, como na venda de software ou de música online, essa forma de processamento pode ocorrer na própria web, por meio de um sistema de download de arquivos.

É muito importante também que o sistema preveja formas de aceitar devoluções, já que, de acordo com a Lei n.º 8.078/1990, também chamada de Código de Defesa do Consumidor: "O consumidor pode desistir do contrato, no prazo de sete dias a contar de sua assinatura ou do ato de recebimento do produto ou serviço, sempre que a contratação de fornecimento de produtos e serviços ocorrer fora do estabelecimento comercial, especialmente por telefone ou a domicílio" (art. 49). Ou seja, exatamente o caso do e-commerce. Além disso, o sistema deve prever uma forma de gerenciar reclamações, garantias dos produtos e pedidos dos clientes.

Na figura 5, temos uma visão geral de um sistema completo de e-commerce, com um modelo de serviços e sistemas de informação necessários para aplicações de comércio eletrônico.

Analisando-se os elementos presentes na figura 5, percebe-se que a tecnologia de um sistema de e-commerce não é simples. Vamos nos aprofundar nesse ponto.

A tecnologia por trás de um website

A tecnologia internet revolucionou a maneira de se trabalhar com computadores, que deixaram de ser apenas máquinas para armazenar e processar informações, passando a ser utilizados como ferramentas de comunicação. Os computadores em rede, conectados, tornaram-se um mecanismo de disseminação de informações, colaboração e interação, independentemente de sua localização geográfica.

Com o tempo, a evolução da tecnologia tornou o mundo cada vez mais complexo. Os canais de comunicação, em sua maioria, passaram a ser digitais, oferecendo um universo de novas possibilidades. A internet é a base para a interconexão de muitas formas de comunicação e de mídia. Os serviços da rede, como a web e o correio eletrônico, começaram a ser integrados a outras formas de comunicação, como a TV, o rádio e todo tipo de mídia, como animações, filmes e músicas.

Autores como Carr (2008) descrevem como a convergência das mídias está transformando a internet em um "serviço público" de informações, tal como a energia elétrica ou a água encanada. Já acessamos a internet sem fio de qualquer lugar do planeta, o que nos permite ficar conectados à rede 24 horas por dia. Dispositivos como o iPhone e o Blackberry, por exemplo, são nossas ferramentas de trabalho e entretenimento.

A World Wide Web

Hoje, a aplicação mais conhecida da internet é a World Wide Web, concebida há mais de 20 anos por Tim Berners-Lee, no Conseil Européen pour la Recherche Nucléaire (Cern). A ideia de Berners-Lee era criar um sistema de gerenciamento da informação que permitisse que esta fosse transferida facilmente por meio da internet, utilizando-se o conceito de hipertexto. A figura 6 traz a página Cern, que pode ser considerada a primeira da web.

O conceito de hipertexto (os links existentes em qualquer website), hoje tão familiar para qualquer usuário, era completamente desconhecido na internet em 1989. Outra questão interessante diz respeito à própria existência da web. De tão onipresente, a maioria dos usuários confunde a web com a própria internet, mas durante mais de 20 anos a internet existiu sem a web. Antes desta, os usuários da internet utilizavam principalmente o correio eletrônico, além de algumas ferramentas que caíram em desuso. A difusão dos navegadores entre os usuários da internet e, consequentemente, a disseminação da web deveram-se em boa parte a Mark Andreessen. Em 1992, ele criou o Mosaic, o primeiro navegador (*browser* em inglês) amplamente difundido e, posteriormente, o Netscape Navigator. Em 2010, os principais navegadores são o Microsoft Internet Explorer, o Mozilla Firefox, o Apple Safari, o Google Chrome e o Opera.

Figura 6

O PRIMEIRO WEBSITE DO MUNDO: <INFO.CERN.CH>

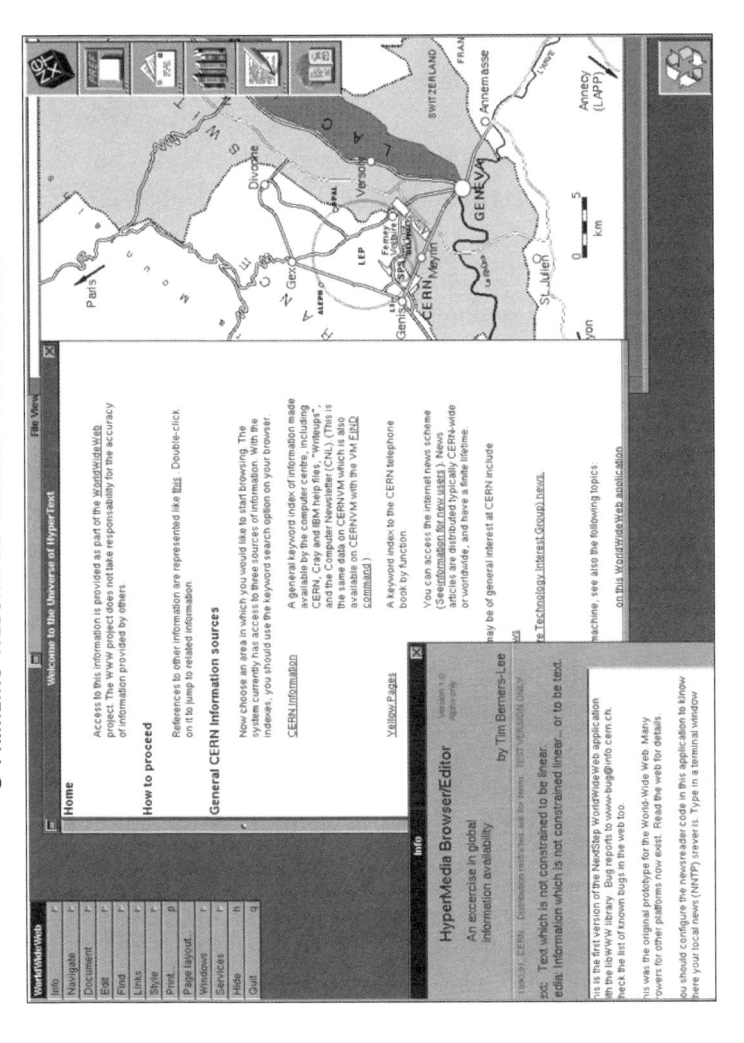

E-COMMERCE

As páginas da web são escritas em uma linguagem chamada *hypertext markup language* (html), além de utilizarem diversas outras tecnologias integradas, como o Macromedia Flash e o Javascript. Para visualizar as páginas, utilizamos os navegadores, cujo papel é localizar, buscar, interpretar e exibir as páginas da web. Os navegadores buscam essas páginas em computadores servidores conectados permanentemente à internet. Os comandos para requisição de tais páginas são dados por meio de um protocolo de comunicação chamado de *hypertext transfer protocol* (http). Esse protocolo é utilizado para requisições entre o navegador e um programa especial que fica instalado nos computadores servidores, chamado de servidor web, responsável pela entrega das páginas da web. Todos os sites da web ficam hospedados em computadores que possuem servidores web instalados.

Mas como os navegadores localizam as centenas de milhões de sites disponíveis na internet? Cada um desses sites tem um endereço único e pode ser acessado por seu nome (por exemplo, www.presidencia.gov.br) ou por seu endereço IP (um número, como 200.181.15.9). Usualmente, para acessarmos os computadores servidores da internet e, consequentemente, as páginas e arquivos desses computadores, utilizamos seus nomes, que são bem mais fáceis de memorizar do que seus números. O *domain name system* (DNS) é um dos mecanismos mais importantes da rede, propiciando, de forma descentralizada e com rapidez, a tradução dos endereços IP dos computadores para seus respectivos nomes.

Nas páginas em html, há comumente referência a outros elementos, como imagens e animações, entre outros tipos de arquivos eletrônicos. A cada arquivo entregue pelo servidor web a um usuário, é gerada uma anotação em um arquivo de registro histórico, o chamado log do servidor. Como vimos anteriormente, a análise dos logs permite aferir os resultados da audiência de um site, possibilitando, por exemplo, que se veja quais os elementos mais acessados.

Um último recurso fundamental para entendermos o funcionamento da web é a tecnologia dos cookies. Os cookies são arquivos, em geral pequenos, enviados pelo servidor web para o navegador do usuário, contendo informações que permitirão ao site, em uma próxima visita do usuário, reconhecê-lo, possibilitando com isso personalizar sua forma de acesso sem que o usuário tenha que se identificar. A figura 7 ilustra uma página que exibe automaticamente o nome do usuário que o está acessando, graças ao uso de um cookie previamente gravado em uma visita anterior. Além do nome, a página também exibe recomendações de itens variados especificamente para o usuário identificado.

Figura 7
ACESSO PERSONALIZADO AO SITE DA AMAZON.COM

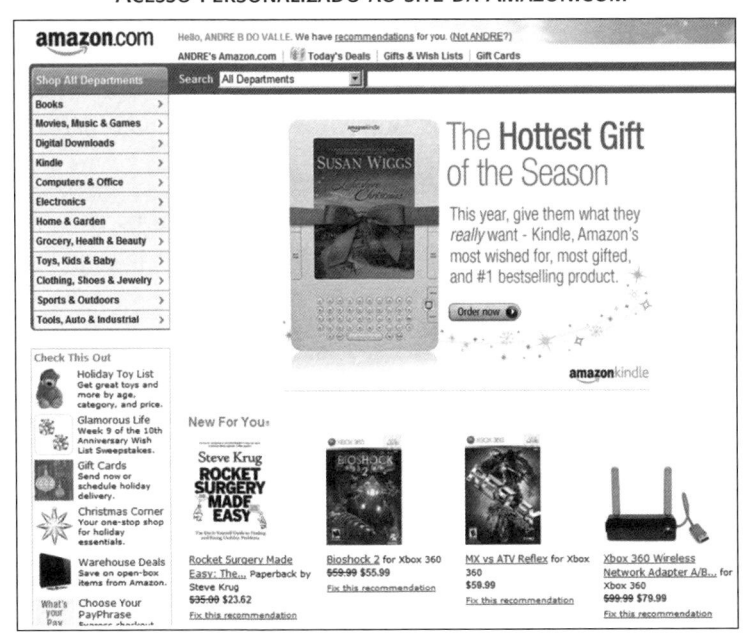

As categorias de websites de e-commerce

Para entender as estratégias alternativas para a construção de websites, examinemos três estratégias diferentes: sistemas independentes, sistemas de hospedagem virtual e sites simplificados de e-commerce.

Sistemas independentes

Neste caso, é preciso adquirir ou alugar o hardware e o software, assim como contratar uma equipe especializada para a criação do website de comércio eletrônico. Devido a sua complexidade, esta situação só é recomendável se você tiver:

- um alto nível de acessos;
- um grande banco de dados de produtos, especialmente se esse banco de dados for atualizado com frequência;
- algum processo de negócios já existente, como um sistema de telemarketing, sendo o site um complemento desse sistema;
- um volume de negócios suficiente que justifique o investimento.

Alguns exemplos nessa categoria são os sites dos grandes varejistas brasileiros, como Americanas.com, em destaque na figura 8, Submarino, Casas Bahia e Ponto Frio.

Sistemas de hospedagem virtual

Nesses sistemas, a infraestrutura para a criação de um website de e-commerce é totalmente terceirizada, incluindo segurança e processamento de cartões de crédito. Em alguns casos, até a logística e o processamento dos pedidos também são terceirizados. O fornecedor é responsável pelos equipamentos, pelo software e por sua operação, e ainda pode proporcionar ao cliente um domínio próprio. Esse tipo de serviço é denominado *application service providers* (ASP); seu modelo permite que os computadores onde estão as aplicações sejam utilizados por vários clientes, que dividem os custos. Essa estratégia é a mais viável para sites de comércio eletrônico de empresas com pouca capacidade de investimento ou pequeno volume de negócios online. Como exemplos de provedores desse tipo de serviço no Brasil temos: Locaweb <www.locaweb.com.br>, Tecla <www.tecla.com.br>, em destaque na figura 9, e Alog <www.alog.com.br>.

Figura 8
UM GRANDE SITE DE COMÉRCIO ELETRÔNICO EM QUE TODA A INFRAESTRUTURA É ÚNICA

Figura 9
UM FORNECEDOR DE HOSPEDAGEM VIRTUAL BRASILEIRO

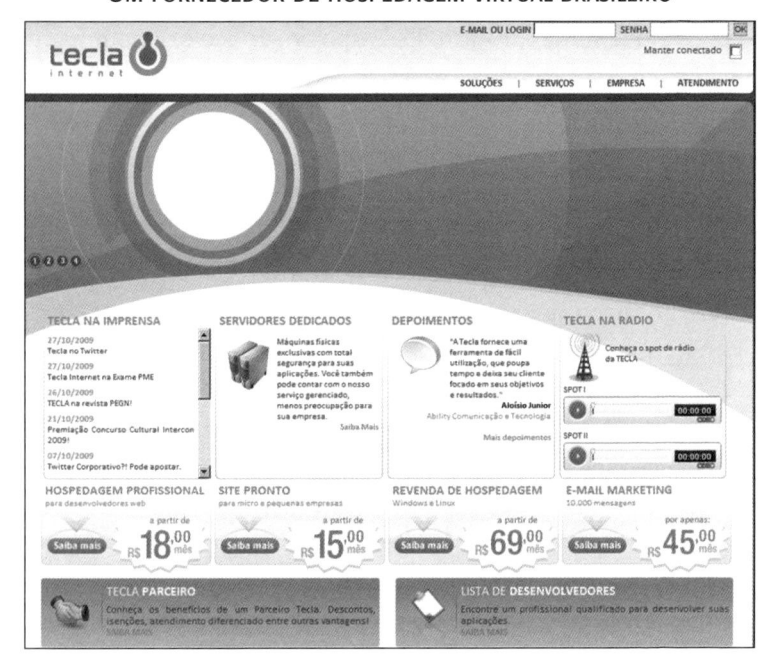

Sites simplificados de e-commerce

Neste caso, você utiliza um site de terceiros para divulgar seus produtos. São os sites recomendados para pequenas empresas e pessoas físicas, e podem ser considerados uma evolução dos sites de leilão, já que normalmente trabalham com preços fixos, em vez de preços dinâmicos. Esses sites normalmente incluem, além da hospedagem, um sistema de pagamentos e mecanismos para a divulgação das mercadorias. Alguns exemplos brasileiros são o Mercado Livre <www.mercadolivre.com.br> e o Toda Oferta <www.todaoferta.com.br>. A figura 10 exibe vários sites de varejistas hospedados no Mercado Livre.

Figura 10
UM SITE SIMPLIFICADO DE COMÉRCIO ELETRÔNICO

Independentemente da categoria, todo site de comércio eletrônico deve ter os seguintes elementos: segurança, *front end*, carrinho de compras e sistemas de pagamento.

- *Segurança* — a criptografia da conexão entre o navegador do usuário e o website de e-commerce, proporcionada por tecnologias como o SSL (*secure sockets layer*), é fundamental para garantir que os dados trafegados não sejam acessados por terceiros, principalmente os mal-intencionados.
- *Front end* — é a parte visível do website, ou seja, a interface na qual os usuários interagem com o sistema, sendo composto por telas e formulários eletrônicos.

- *Carrinho de compras* — independentemente de vender um único produto, ou milhões deles, o carrinho de compras é o núcleo de um website de comércio eletrônico, devendo proporcionar as funcionalidades necessárias para o gerenciamento de usuários, produtos, pedidos e rastreamento.
- *Sistemas de pagamento* — são os sistemas que permitem ao comerciante virtual receber pelos pedidos realizados pelos usuários.

Segurança

O sucesso do comércio eletrônico depende do uso correto de tecnologias de segurança. Todo site que faz comércio deveria manter seguras as informações sobre seus clientes. Na verdade, a necessidade de segurança não é uma exclusividade da rede. Qualquer atividade comercial deve oferecer segurança a seus consumidores. Mas a segurança online tem características específicas. Os riscos de um cliente de comércio eletrônico ter seus dados expostos diferem dos riscos que correm os clientes de lojas físicas. Para lidar com essas novas situações, já existem sistemas de segurança extremamente eficazes, que implementam táticas e técnicas que abrangem desde a segurança física dos computadores até a forma de os dados trafegarem pelas redes. Desde que se observem boas práticas, incluindo investimentos em software, hardware e, especialmente, em processos, os sites de comércio eletrônico podem oferecer um nível muito alto de segurança a seus usuários. Em algumas situações, a atividade comercial pela internet é tão segura quanto um banco, pois muitas das práticas usadas pelo comércio eletrônico são iguais às empregadas pelos bancos em suas transações — quase todas eletrônicas.

A segurança das informações tem como objetivo minimizar riscos de fraudes, roubo de dados, uso indevido etc., ou qualquer outra ameaça que possa prejudicar os sistemas de uma empresa, incluindo seus websites de e-commerce.

Uma solução de segurança deve satisfazer aos seguintes princípios:

- *Confidencialidade* — é a proteção das informações contra sua revelação a alguém não autorizado, impedindo leitura ou cópia.
- *Autenticidade* — diz respeito à identificação correta de um usuário ou computador. O sistema de autenticação deve assegurar ao receptor que a mensagem procede do emissor devidamente informado. Isso pode ser implementado por meio de um sistema de senhas ou de assinatura digital.
- *Integridade* — trata-se da proteção da informação contra alterações sem a devida permissão do proprietário da informação. No caso da internet, significa que os dados, enquanto estiverem em trânsito, além de não poderem ser vistos por pessoas não autorizadas — confidencialidade —, também não possam ser alterados ou capturados por dispositivos ilícitos.
- *Disponibilidade* — é a proteção dos serviços prestados pelo sistema, de forma que estes não se tornem indisponíveis, assegurando ao usuário o acesso aos dados sempre que necessário. Também pode ser chamada de continuidade dos serviços.
- *Não repúdio* — é a garantia de que ninguém poderá recusar ou repudiar uma transação realizada online, alegando a inexistência ou a falsidade da transação.

Todos esses elementos baseiam-se na criptografia, que tem em sua origem duas palavras gregas: *kruptós*, escondido, e *graphía*, escrever. Em outras palavras, é o estudo das técnicas empregadas para que a informação passe de seu estado original para outro ilegível, sendo necessária a existência de uma "chave" para acessá-la. É implementada por meio de funções matemáticas, utilizadas para codificar e decodificar os dados, garantindo seu sigilo e autenticidade.

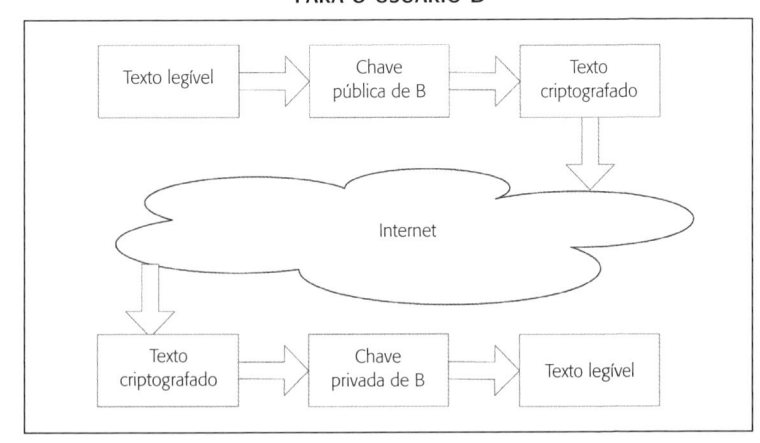

O tipo mais utilizado de criptografia é o das chaves pública e privada, que, como o próprio nome indica, utiliza sempre pares de chaves. Esse par de chaves pertence a uma entidade ou pessoa e é gerado por um processo matemático único. A posse e o uso da chave privada cabem apenas a seu proprietário, enquanto a chave pública pode ser distribuída, inclusive para servidores específicos na internet.

As chaves pública e privada podem criptografar e descriptografar informações, garantindo o sigilo da seguinte forma:

- outros usuários criptografam informações com a sua chave pública e enviam essas informações para você;
- só você, com a sua chave privada, pode descriptografar a mensagem recebida. O emissor tem a certeza de que a mensagem só será lida por você e não será alterada.

A figura 11 mostra a situação de envio de um documento do usuário A para o usuário B.

Figura 11
ENVIO DE UM DOCUMENTO CRIPTOGRAFADO DO USUÁRIO A PARA O USUÁRIO B

Texto legível → Chave pública de B → Texto criptografado → Internet → Texto criptografado → Chave privada de B → Texto legível

Uma das funções mais utilizadas na criptografia de chaves pública e privada é a autenticação. Analogamente à criptografia utilizada para o sigilo, você criptografa as informações, só que dessa vez com sua própria chave privada, em vez de utilizar a chave pública do outro usuário, e a envia através da internet. Qualquer um que disponha de sua chave pública, que você distribui livremente, pode descriptografar sua mensagem e estar certo de que foi você que a enviou, autenticada com a sua assinatura digital, e que a mensagem não foi alterada. Esse processo é chamado de assinatura digital e está ilustrado na figura 12.

Figura 12
ENVIO DE UM DOCUMENTO ASSINADO DIGITALMENTE DO USUÁRIO A PARA O USUÁRIO B

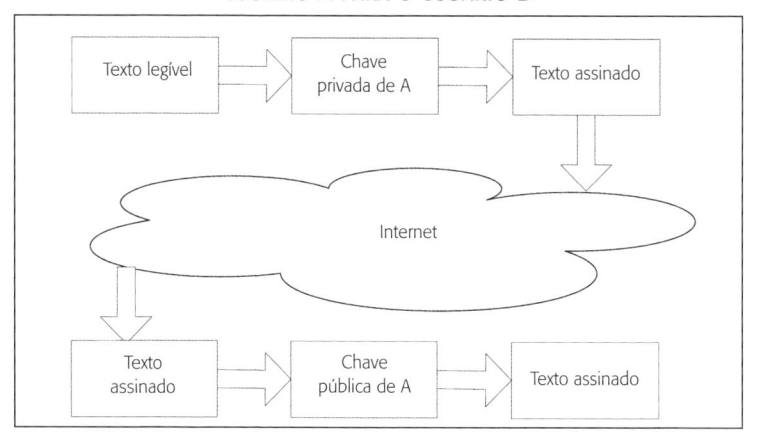

```
[Texto legível] → [Chave privada de A] → [Texto assinado]
                                                    ↓
                         (Internet)
                              ↓
[Texto assinado] → [Chave pública de A] → [Texto assinado]
```

A criptografia de chaves pública e privada tem, porém, algumas desvantagens:

❏ é lenta — o tempo gasto na criptografia é muito maior do que em outras alternativas, como a criptografia de chave secreta;
❏ utiliza chaves grandes, maiores do que as empregadas pela criptografia de chave secreta.[4] Por isso, a maior parte de suas

---

[4] Para se obter o mesmo nível de segurança de uma chave secreta de 128 bits, é necessário utilizar chaves públicas e privadas de 3.078 bits.

implementações práticas, como o SSL que estudaremos a seguir, combina os dois métodos.

O SSL (*secure sockets layer*)

Desenvolvido pela Netscape em 1994, o SSL é usado por praticamente todos os websites que se dedicam ao e-commerce, e significa uma camada segura para a transmissão de dados, proporcionada pela agregação de vários protocolos de criptografia. Mais recentemente, esse conjunto de protocolos foi rebatizado de *transport layer security* (TLS), sendo responsável pelo fornecimento de serviços de segurança essenciais para o comércio eletrônico. As figuras 13, 14, 15 e 16 ilustram, simplificadamente, seu funcionamento e devem ser examinadas à luz da discussão anterior sobre criptografia de chaves públicas, para que você não tenha dúvidas sobre a segurança proporcionada.

Figura 13
GERAÇÃO DAS CHAVES NO NAVEGADOR

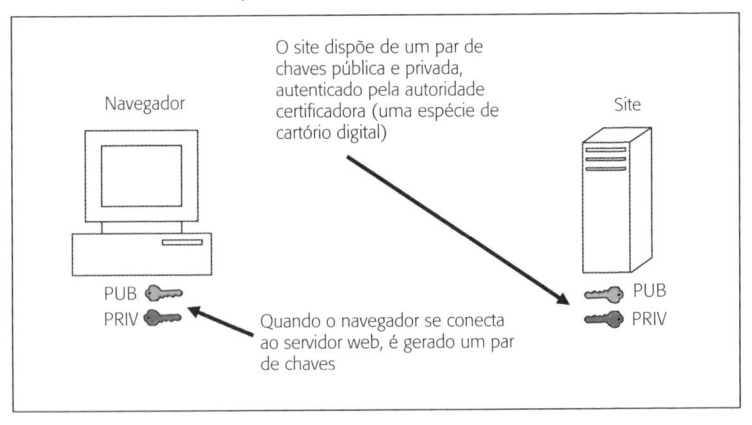

Navegador		Site
	O site dispõe de um par de chaves pública e privada, autenticado pela autoridade certificadora (uma espécie de cartório digital)	
PUB 🗝 PRIV 🗝	Quando o navegador se conecta ao servidor web, é gerado um par de chaves	🗝 PUB 🗝 PRIV

Em seguida, o navegador e o site trocam suas chaves públicas. Essas chaves serão utilizadas para criptografar a seção.

Figura 14
TROCA DE CHAVES

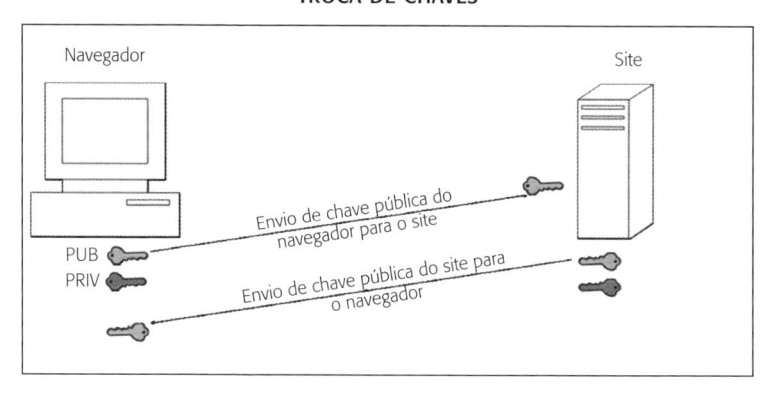

Quando o site envia uma página para o navegador, é necessário criptografá-la, já que sem o uso da criptografia as informações se tornam vulneráveis na internet.

Figura 15
CRIPTOGRAFANDO UMA PÁGINA NO SERVIDOR E ENVIANDO PARA O NAVEGADOR

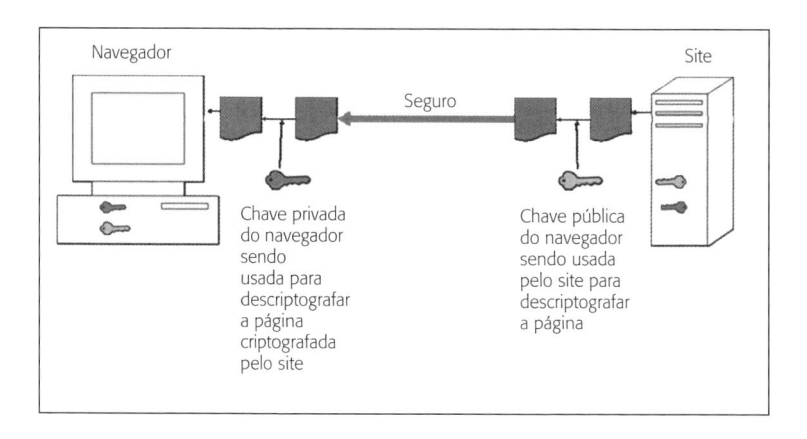

Ao receber a página, o usuário pode preencher as informações necessárias e enviá-las ao site. Analogamente ao caso anterior, esse conteúdo deve ser criptografado para não se tornar acessível a *hackers* mal-intencionados.

Figura 16
DEVOLVENDO A PÁGINA COM DADOS SENSÍVEIS PARA O SITE

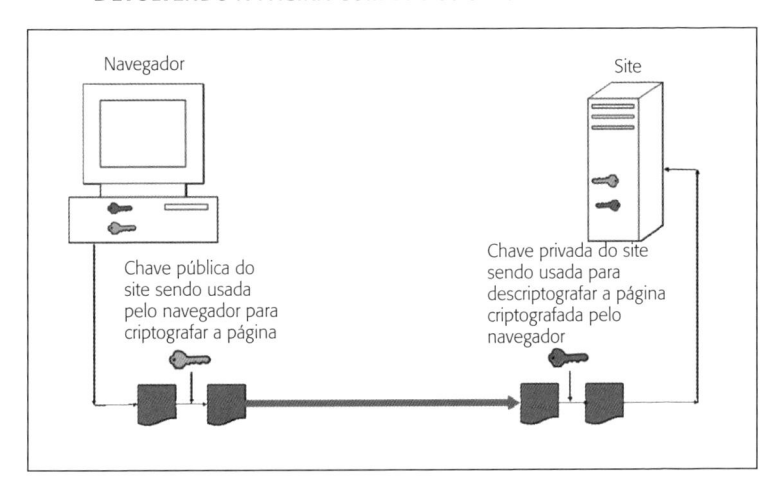

[Diagrama: Navegador com Chave pública do site sendo usada pelo navegador para criptografar a página; Site com Chave privada do site sendo usada para descriptografar a página criptografada pelo navegador.]

O TLS/SSL destina-se a proporcionar segurança durante a transmissão de dados sensíveis por TCP/IP, fornecendo criptografia de dados, autenticação de servidor e integridade da mensagem para a transmissão de dados pela internet.

Os dados protegidos pelo conjunto de protocolos envolvem o uso de criptografia e de descriptografia, portanto o uso do TLS/SSL aumenta a quantidade de dados transmitidos e torna mais lenta a transmissão de informações entre o servidor e o navegador. Dessa forma, o método mais comum de implementá-lo para aplicações de comércio eletrônico é utilizar o TLS apenas para proteger aquelas páginas que contêm informações confidenciais e sensíveis, tais como informações pessoais e de cartões de crédito.

No navegador, são exibidas para o usuário algumas indicações visuais de que ele se encontra em ambiente seguro, ou seja, protegido pelo TLS/SSL, conforme ilustram as figuras 17 e 18, respectivamente, para os navegadores Internet Explorer e Mozilla Firefox.

Figura 17
INDICAÇÕES VISUAIS DE SEGURANÇA NO INTERNET EXPLORER

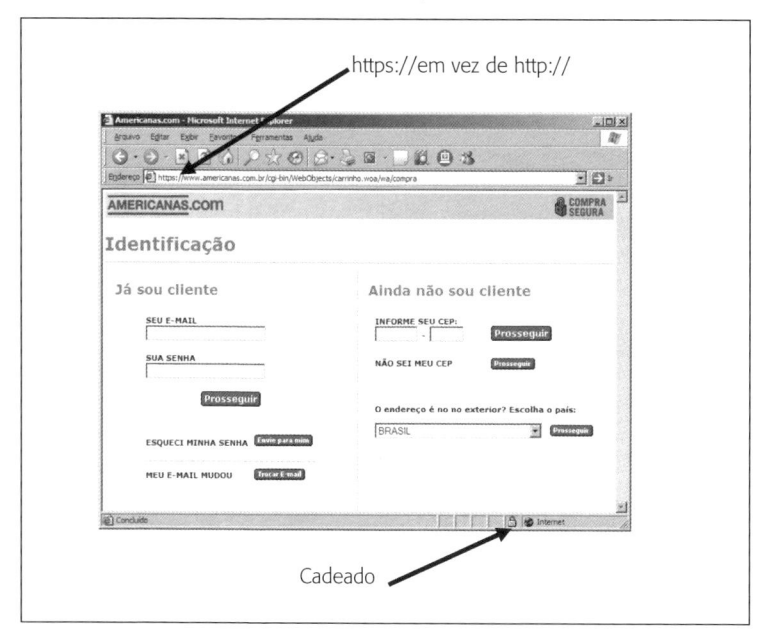

A segurança proporcionada pelo TLS/SSL é muito alta, sendo logicamente sustentada por métodos matemáticos, o que só possibilita a violação das informações por técnicas de tentativa e erro. Com o uso de chaves adequadamente grandes, como ocorre nos padrões da web, mesmo um computador de alto desempenho levaria meses para decifrar a chave de criptografia de uma transação que demora apenas alguns minutos e cuja chave se torna inútil quando a transação é finalizada.

Figura 18
INDICAÇÕES VISUAIS DE SEGURANÇA NO FIREFOX

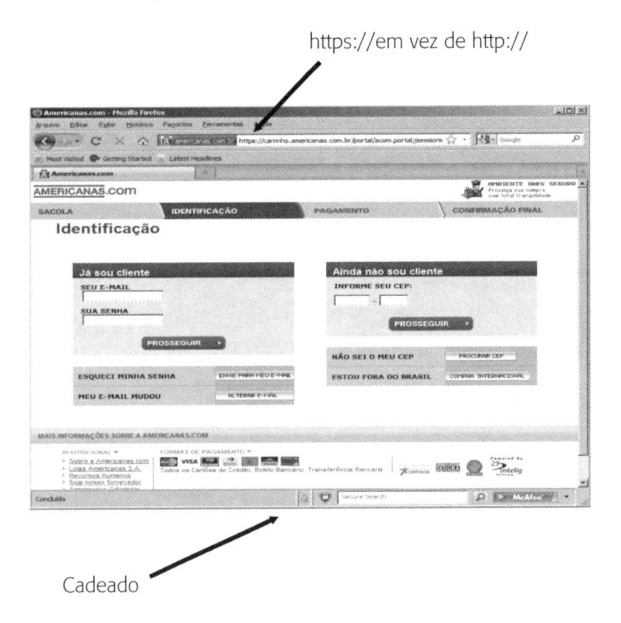

https://em vez de http://

Cadeado

Sistemas de pagamento

Um dos elementos mais importantes de um website é o sistema de pagamento — o sistema no qual o comerciante virtual recebe pelos pedidos realizados pelos clientes. No passado, esta era uma das maiores dificuldades de se implementar o e-commerce, mas hoje já existem diversos fornecedores de sistemas de pagamento no mercado brasileiro, conforme citado em nossa análise sobre os serviços financeiros providos na internet brasileira.

Em sua maioria, os meios de pagamento que usamos para comprar na internet ainda são os mesmos que empregamos no comércio tradicional. Pagamos por meio de boletos bancários, transferências bancárias ou, principalmente, cartões de crédito. No passado, falou-se muito da insegurança do uso de cartões de crédito na rede, e a resistência a tal uso foi um dos fatores que retardaram o progresso do e-commerce. Há alguns anos, o emprego de cartões em compras online realmente era, de certa forma, inseguro. Mas, com o tempo, as administradoras melhoraram o uso das técnicas de segurança e conseguiram consolidar os cartões como o principal meio de pagamento online. Hoje, a insegurança está muito mais associada às políticas e práticas de cada estabelecimento do que à forma como é efetuado o pagamento.

Os principais meios de pagamento utilizados no mercado brasileiro, segundo a pesquisa Webshoppers, da e-bit, são o cartão de crédito e o boleto, conforme ilustra a figura 19.

Figura 19
MEIOS DE PAGAMENTO UTILIZADOS NO MERCADO BRASILEIRO EM 2008

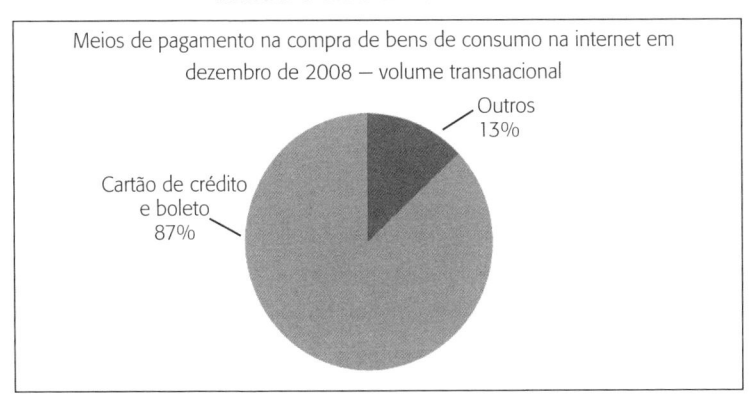

Meios de pagamento na compra de bens de consumo na internet em dezembro de 2008 — volume transnacional

- Outros 13%
- Cartão de crédito e boleto 87%

Fonte: E-bit Informação <www.ebitempresa.com.br>, período: jan./dez. 2008.

Implantação de cartões de crédito

Para realizar vendas por meio de cartões de crédito, pode-se contratar diretamente as processadoras de cartões de crédito, como a Visanet — um serviço *verified by Visa* para cartões Visa — ou a Redecard — serviço Komerci, para cartões Mastercard e Diners.

O problema desse tipo de implantação, pela ótica do comerciante, é ser obrigado a dispor de mais de um sistema para poder aceitar cartões diferentes. Por causa desse problema, há mais de uma década, surgiram nos Estados Unidos serviços que agregavam o processamento de diversas bandeiras de cartões de crédito, como o Authorize.net. Ao contratar um serviço como esse, o comerciante virtual passava a aceitar praticamente qualquer cartão sem ter que se cadastrar em vários sistemas.

Felizmente, essa facilidade também chegou ao Brasil, e hoje existem diversos serviços, como o Pagamento Digital <www.pagamentodigital.com.br>, uma empresa do grupo Buscapé, e o PagSeguro <www.pagseguro.com.br>, do UOL, ilustrados nas figuras 20 e 21.

Figura 20
O SITE PAGAMENTO DIGITAL

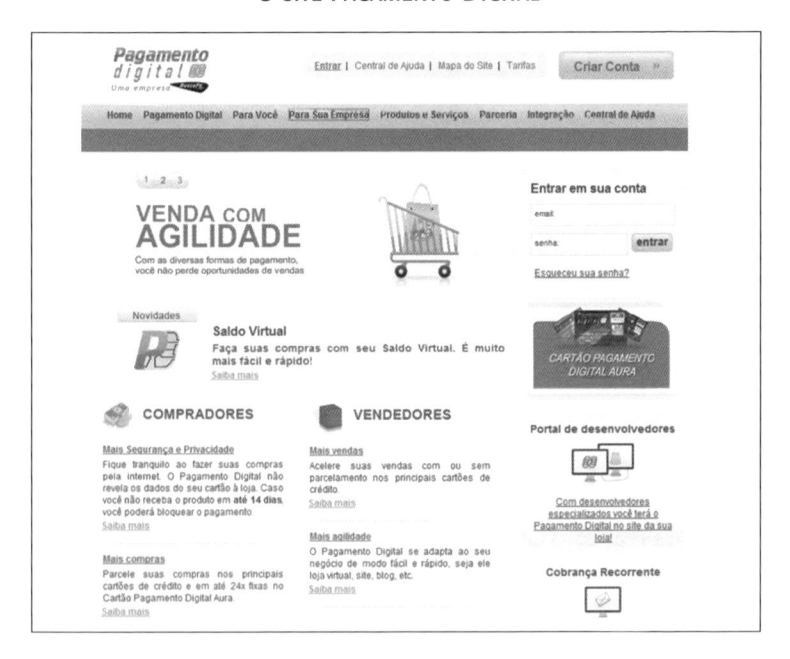

Figura 21
O SITE PAGSEGURO

O funcionamento desses sistemas é bem similar. Eles proporcionam uma interface entre o website de e-commerce e as empresas processadoras de cartões de crédito e débito. Algumas delas também implementam sistemas de boletos bancários eletrônicos.

Mecanismos para vendas online

Diversas técnicas podem ajudar uma loja eletrônica a ampliar suas vendas. Desde ferramentas de compra rápida a listas de presentes e cupons podem incentivar os usuários a realizar suas compras. Muitas dessas ferramentas foram experimentadas, uma primeira vez, pela Amazon.com, a pioneira do varejo online. O método *1-click ordering*, por exemplo, foi registrado e patenteado por Jeff Bezos, fundador da empresa, e mais tarde licenciado pela Apple para uso em sua loja de músicas iTunes. Com ele, usuários já cadastrados na loja conseguem incluir e confirmar sua compra com um único clique, confiando à loja e a seus mecanismos o fechamento do pedido, o meio de pagamento, a entrega e o frete — informações já previamente fornecidas.

As *listas de presentes* (para casamentos, outras festas, ou simplesmente para satisfazer desejos individuais), conhecidas em inglês como *wish lists*, são funcionalidades já existentes há muito tempo nas lojas tradicionais e que funcionam ainda melhor nas lojas eletrônicas. A presença dessa facilidade pode ser um fator decisivo na geração de vendas, já que facilita a vida tanto de quem recebe quanto de quem oferece os presentes.

A *emissão de cupons* de desconto e de vales-presentes, também já utilizados há bastante tempo pelas lojas tradicionais, pode gerar boas vendas em lojas online (em especial, nas vendas por impulso). Os cupons são emitidos eletronicamente e enviados por e-mail para os clientes. É uma tecnologia simples, mas com bom potencial de retorno, atualmente bastante utilizada nas compras de música e aplicativos na loja da Apple, ou na compra de livros eletrônicos na Amazon.com.

O mecanismo mais comum em uma loja online é a própria *cesta de compras*, que permite ao cliente escolher vários produtos antes de efetuar a transação final. Outro mecanismo extremamente difundido é a busca por palavra-chave, que permite ao usuário escrever uma palavra qualquer e obter uma lista de produtos associados. Esses mecanismos são indicados — sendo até mesmo fundamentais — para qualquer site que venda vários produtos.

A seguir, uma visão geral dos demais mecanismos auxiliares no processo de venda em sites de varejo.

Chat de apoio — o cliente pode interagir com a loja virtual por meio de uma tela de chat com um atendente e tirar dúvidas sobre produtos e a navegação no site. Essa técnica, presente nos maiores sites, requer atendentes sempre disponíveis. É uma solução pouco escalável.

Call center e outros canais de apoio — vários sites também dispõem de *call centers* para facilitar o atendimento dos clientes que têm dificuldades de usar apenas a internet. É especialmente útil na venda de produtos mais complicados e para os quais seja necessária a quebra de barreiras culturais. Em muitos casos, é um recurso mais usado como apoio no pós-venda. Lojas e quiosques presenciais também podem ser importantes canais para facilitar as compras para os clientes.

Site afiliado — permite que outros sites revendam produtos do seu site, mediante o pagamento de uma comissão. Surgiu originariamente na Amazon.com, mas é copiado por diversos sites, como o <www.submarino.com.br>. É um tipo de mecanismo que multiplica o alcance do site a um custo relativamente baixo. Note que, além da comissão, há custos administrativos, já que o programa de associados tem que ser gerenciado e desenvolvido para ser bem-sucedido.

Recomendações individualizadas — baseando-se no perfil do cliente, que pode ser extraído a partir de questionários/pesquisas, compras anteriores, buscas e perfil de navegação, o site pode recomendar itens específicos do seu catálogo ao cliente. Especialmente útil para sites com grandes catálogos. Poucos sites, além da Amazon.com, utilizam realmente bem esse tipo de conceito; muitos personalizam o tratamento apenas por categorias.

Filtragem colaborativa — ao exibir determinado item, o site indica, baseado em compras passadas de outros clientes ou em regras de negócio previamente criadas, que itens se relacionam com o item que está sendo exibido. Ajuda o cliente a ver itens similares ou complementares ao que ele está pesquisando. É um recurso que aparece em vários sites de varejo no exterior e nos maiores varejistas brasileiros, mas cujo funcionamento não é tão bom no mercado nacional, principalmente pela menor escala em que operam.

Venda de usados — muito presente em sites americanos (Amazon.com, Barnes & Noble e outros), é pouco utilizado em sites de varejo no Brasil, sendo os sites mais importantes na área os de leilões e o Estante Virtual <www.estantevirtual.com.br>, que agrega vários sebos de livros. Oferecem ao cliente uma alternativa para comprar um item mais barato. A receita do site passa a ser resultante da intermediação.

Amostra grátis ou demonstração — uma das facilidades da web é permitir a distribuição de amostras grátis de bens digitalizáveis (capítulos gratuitos de livros, dias de uso de serviços, partes de músicas e filmes) a custos praticamente nulos para a empresa.

Opinião dos clientes — permite que os clientes façam comentários sobre os produtos, trocando avaliações e opiniões. É algo que produz vários benefícios: gera um efeito rede positivo, à medida que as informações sobre o produto no site vão ficando mais ricas pelo aumento do número de comentários dos usuários. Além disso, ao se permitir que o cliente participe do site, dá-se a ele uma sensação de inclusão, de comunidade, podendo gerar fidelidade. Outro benefício é que, se o produto for ruim, você terá um canal claro e direto para saber disso. É um tipo de serviço, porém, que precisa ser monitorado, para se evitar palavrões e ofensas. Deve ser implementado de modo a garantir que o cliente opine livremente e não fique apenas restrito à atribuição de uma nota ao produto. Exemplos em que esse recurso é implementado de modo exemplar são a Amazon.com <www.amazon.com> e o Tripadvisor <www.tripadvisor.com>, o primeiro destinado a uma ampla gama de produtos e o último a serviços ligados a viagens.

Recomendações livres, indicações — permite que um cliente recomende ou indique livremente um produto a seus amigos. Se for implementado de forma simples e de fácil utilização, é um tipo de iniciativa que pode trazer resultados, já que não custa nada indicar alguém. Em geral funciona bem, caso se consiga mostrar ao usuário que, ao indicar o produto, ele estará na verdade ajudando seu amigo. Esse fato deve ser destacado para que as pessoas façam mais indicações.

Mais importante do que analisar uma lista de técnicas de vendas, é observar as possibilidades trazidas pela internet sem se ficar preso a antigos paradigmas do varejo. Além de observar o que os concorrentes estão fazendo (*benchmarking*) e as novidades que surgem no ambiente online, deve-se refletir sobre o que é possível fazer online que era impossível no ambiente off-line. Uma expressão reflete bem esse pensamento: devemos evitar fazer "teatro filmado". Mas o que vem a ser isso?

No final do século XIX, quando se inventou o cinema, um filme era fundamentalmente uma peça de teatro filmada. Apenas com o passar dos anos, os "cineastas" perceberam que podiam fazer um filme com novas técnicas, de forma muito diferente de uma peça de teatro. Assim como o cinema foi durante algum tempo *teatro filmado*, muitos sites não fazem mais do que repetir técnicas do varejo off-line na internet. Procurar atender ao cliente de forma inovadora, usando as características da internet para melhorar o relacionamento com a clientela, é o caminho percorrido pelos sites que se destacam.

Integração

Um dos aspectos mais importantes de qualquer operação de comércio eletrônico é o atendimento ao cliente. Tendo em vista a particularidade do negócio virtual de hoje, no qual o cliente ainda interage muito pouco com o agente de venda, especialmente se este for um website, é extremamente importante solucionar as questões colocadas pelos clientes.

É comum encontrar pesquisas de satisfação à disposição dos clientes na saída das lojas virtuais. A chamada "prancheta eletrônica" é um instrumento extremamente útil na medição da satisfação do cliente na sua experiência de compra. Esse processo não termina com a saída do cliente da loja, estende-se até a entrega do produto na casa do cliente. Algumas empresas, como a e-bit, fazem esse acompanhamento para o varejo eletrônico, conduzindo essas pesquisas de satisfação para fornecer dados de retorno aos varejistas.

O atendimento está diretamente relacionado à capacidade do negócio de manter suas operações integradas pelos diversos canais. O contato telefônico com o varejista pode se dar por diversos motivos. O lojista que opera um *call center* deve dispor de todos os instrumentos de assistência ao cliente necessários ao atendimento. A visibilidade dos pedidos, o histórico de compras, o acompanhamento dos envios e um profundo conhecimento dos processos são requisitos mínimos para esse atendimento. Qualquer falha em algum desses pontos pode representar a perda do cliente, o que criou a oportunidade para que alguns negócios se estabelecessem nessa área, especializando-se em apoiar a logística dos comerciantes virtuais.

Muitas vezes, para vender online, não basta apenas um bom site. O atendimento por telefone, mesmo para vendas, é outra face do comércio eletrônico. Em algumas operações, a venda por telefone é o carro-chefe do negócio. No telefone, há muito tempo, são empregadas muitas das técnicas anteriormente discutidas, como a personalização, a implementação de listas, as recomendações. Mas essas técnicas são implementadas por agentes humanos, geralmente assistidos por ferramentas de software que permeiam o CRM da loja, enquanto na web são os sistemas do site que, funcionando em larga escala, com muito maior facilidade, gerenciam tais interações. Os canais mais comuns de atendimento pessoal aos clientes de um site são o e-mail, o chat, recurso para interação online entre usuários em tempo real, normalmente por meio da escrita, mas podendo utilizar também recursos de áudio e telefone — o *call center*.

A integração desses canais é fundamental nessas operações. O cliente pode, a princípio, vir a interagir por qualquer canal, mas não voltará necessariamente pelo mesmo, como ilustra a figura 22. Essa integração não é simples e envolve tecnologia avançada em sua implementação, sendo um problema que demanda atenção e recursos nas empresas que atendem por canais eletrônicos.

Figura 22
A COMPLEXIDADE DA INTEGRAÇÃO DOS SISTEMAS DE ATENDIMENTO

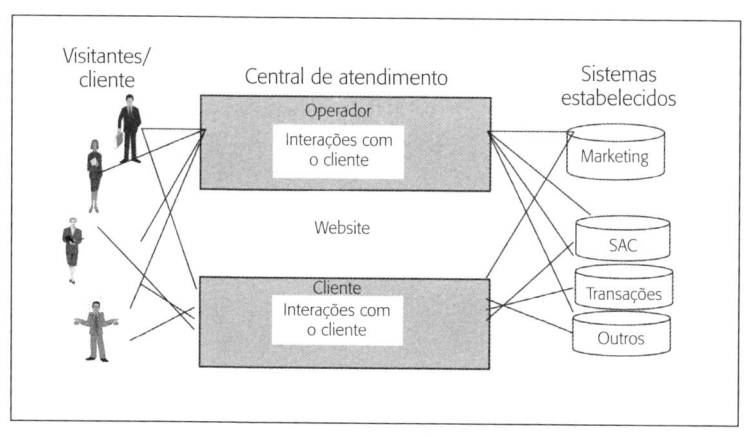

O canal e-mail é, em geral, suprido por ferramentas de acompanhamento das reações do destinatário do e-mail, devendo ser gerido por ferramentas que preservem, de forma integrada, a comunicação com o cliente. O histórico de trocas de mensagens não deve, nem pode, nunca ser perdido.

O mesmo vale para o canal chat. Este, em particular, oferece maior dificuldade de entendimento, já que a conversa com o cliente se dá em tempo real.

O canal telefone demanda um *front end* sofisticado para a identificação de assuntos, áreas de interesse, reclamações e, principalmente, tomada de ações decorrentes de demandas dos clientes — alertas e verificação de expiração de prazos.

Em todos os canais, quanto mais a tecnologia evolui, maiores e melhores têm se tornado as possibilidades de se criar um relacionamento mais próximo e mais personalizado com os clientes.

Logística

A operação atual de comércio eletrônico não é nada simples. Para qualquer negócio na internet, seja puramente online ou com lojas físicas, a operação logística é complexa. O *mix* de produtos das lojas na internet obriga a uma estreita integração dos sistemas de gestão corporativos — sistemas de *backoffice* —, caso contrário se corre o risco de frustrar o cliente, com atrasos ou com a impossibilidade de entrega de um produto após sua venda. Em muitos casos, para facilitar a logística, os centros de distribuição das lojas físicas e, eventualmente, as próprias lojas físicas servem à operação logística da internet. Porém, em um país continental como o Brasil, isso pode ser perigoso, por restringir a atuação da loja da internet às localidades próximas das lojas físicas.

No Brasil, inicialmente, a ausência de fornecedores especializados na área de logística e a demanda por prazos cada vez menores de entrega, entre outros problemas, colocaram em xeque o varejo eletrônico. Ao longo do tempo, contudo, desenvolveram-se fornecedores especializados e as empresas brasileiras passaram a prometer entregas em 24 horas ou até no mesmo dia para determinados bairros. Em 2010, a logística está relativamente bem equacionada e não representa mais um problema grave nas operações, muito embora, como mostraram os dados da e-bit, no período de Natal ainda há alguma reclamação sobre atrasos na entrega de produtos encomendados.

Os problemas e dificuldades de logística, embora relevantes, não devem constituir o único foco de um empreendimento de comércio eletrônico. Conforme discutido neste livro, diversos são os desafios estratégicos, as oportunidades de marketing e as decisões tecnológicas a serem tomadas.

Neste capítulo, apresentamos as grandes questões tecnológicas do e-commerce. Com isso, você deve ter percebido que é possível criar soluções seguras e funcionais, com diferentes níveis de complexidade, de acordo com o porte do empreendimento.

No próximo capítulo, nossa atenção se voltará para o exame de como a internet modifica o planejamento e a execução de ações de marketing e para a discussão de algumas questões que não podem mais deixar de fazer parte da realidade das empresas, como o e-mail marketing e o uso da web para divulgação.

3

Marketing na internet

Este capítulo trata, de forma abrangente, vários aspectos da utilização da internet como ferramenta de marketing. Iniciaremos com um entendimento mais estratégico, abordando a influência da internet em cada um dos Ps do marketing. Em seguida, passaremos a outras questões, como propaganda online, SEO (*search engine optimization*), técnicas de vendas online, análises de sites, e-mail marketing, registros de domínios, marketing nas mídias sociais, personalização e pesquisas online.

Os Ps do marketing e a internet

Atualmente, mesmo fora da internet, o planejamento dos programas de marketing não compreende apenas a estruturação do composto de marketing também conhecido pelo mnemônico 4 Ps ou *mix* de marketing. Hoje, nessa etapa, são abordadas também questões relacionadas ao fornecimento de serviços, ao atendimento de clientes e de clientes em potencial, e ao relacionamento entre a empresa e suas possíveis audiências na internet.

Vamos começar pelos 4 Ps no ambiente virtual: produtos, preços, praça e promoção.

Produtos

O termo "produto" no contexto dos 4 Ps pode incluir bens tangíveis, serviços, ideias, pessoas, lugares e muito mais. Todos eles estão presentes na internet: <www.saraiva.com.br> vende livros, CDs, DVDs; <www.submarinoviagens.com.br> intermedia serviços de viagens, como passagens aéreas, hospedagem e aluguel de carros; <www.innocentive.com> vende soluções para problemas variados; <www.psdb.org.br> apresenta o programa de um partido político; <www.cidadedorio.com.br> oferece uma destinação turística. O que mais você imaginar deve também estar sendo oferecido na rede.

Alguns produtos — na verdade, serviços — surgiram com a internet e são viáveis apenas nesse meio. É o caso dos mecanismos de busca, como <www.google.com>; dos agentes de comparação de preços de produtos à venda em varejistas, como <www.buscape.com.br> e <www.mercadodopreco.com.br>; dos sites de compras coletivas, como <www.peixeurbano.com.br> e <www.groupon.com.br>; dos portais de mercados empresariais, como <www.aerochain.com>, <www.alibaba.com> e <www.mercadoeletronico.com.br>; dos leilões reversos, como <www.priceline.com>. Outros já existiam no mundo tradicional, mas ganharam nova formatação e impulso na internet, como os leilões online, tanto entre pessoas físicas e de empresas para pessoas, como <www.mercadolivre.com.br>, quanto entre empresas, como <www.superbid.net>; e as rádios online, personalizáveis, como <www.sonora.com.br> e <www.musicovery.com>.

Outros ainda vêm desafiando as estruturas de negócios tradicionais existentes, que relutam em repensar suas estratégias, como os serviços de busca de músicas (e outros produtos digitais) na internet, propiciados pelo <www.kazaa.com> e pelo

<www.emule-project.net>. Mesmo no caso daqueles produtos em que a internet representa apenas mais um canal de distribuição, como os eletrodomésticos, por exemplo, sua utilização possibilita a adição de serviços únicos, viabilizados pela tecnologia, como o conhecimento do histórico, do perfil e do comportamento de um cliente. Isso permite a oferta de produtos mais adequados, avisos de lançamentos de produtos de interesse, sugestões relacionadas ao histórico e ao perfil do consumidor, indicações baseadas em perfis similares, personalização do site e sua comunicação, preços especiais de acordo com o relacionamento, reconhecimentos e bonificações diversas etc. Ou seja, a personalização de todo o *mix* de marketing.

O que ocorre na internet com alguns dos aspectos mais importantes relacionados ao P de produtos, como seus atributos e marcas?

Atributos

Os atributos, por incluírem as características específicas do produto e sua qualidade, são atingidos na internet principalmente pela possibilidade de personalização. Produtos tangíveis como computadores, por exemplo, podem ser vendidos online em sua versão mais simples e a preços mais baixos. Podem também ser oferecidos em pacotes, incluindo diversos itens de hardware, software ou serviços, que representam benefícios adicionais, por um preço maior, de acordo com a especificação individualizada do cliente. O mesmo ocorre com produtos intangíveis, que permitem ainda maior flexibilidade, como a customização de cursos online. Nesse caso, é possível dispor de diversas combinações de conteúdos, horários, metodologias de aprendizado (simulações, tutoriais, apresentações seguidas de exercícios interativos, chats para debates com outros alunos e instrutores, por exemplo), extensão, profundidade, duração, entre outros parâmetros personalizáveis. Embora a montagem de pacotes de benefícios ocorra também no ambiente tradicional, a internet oferece a seus usuários a oportunidade de customizar mais a fundo seus produtos, automaticamente, a partir de seu próprio computador.

Marca

A marca, por sua função primordial de redutora de risco e, consequentemente, de agilizadora da tomada de decisão de compra, tem um papel particularmente importante na internet. Ao criar novos produtos para venda online, as empresas enfrentam diversas decisões relacionadas à marca: se devem aproveitar marcas existentes, como <www.pontofrio.com.br>, ou criar novas marcas para a internet, como o já inexistente <www.amelia.com.br> do Grupo Pão de Açúcar; se devem unir sua marca à de outras empresas — o *co-branding*, como a união da rede de TV norte-americana NBC com a Microsoft no site MSNBC; e que nome de domínio utilizar em seu site. Nessas decisões, é importante lembrar que a marca e sua imagem normalmente fazem parte dos benefícios desejados pelo usuário. Isso ocorre porque, em geral, as pessoas querem ter certeza de que podem confiar nas empresas com as quais fazem negócios.

O que pode ser melhor para o cliente do que usar marcas de renome ou com as quais já tenha tido boas experiências? Devido à distância que pode separar empresas e clientes, a questões de segurança e privacidade, e também à intangibilidade do meio, as marcas são ainda mais importantes na internet. Sem a "garantia" de que seu produto será entregue na hora, o consumidor precisa do respaldo da marca para sua segurança, ou de um sistema alternativo que lhe dê a segurança necessária, como indicações de usuários, boas opiniões em fóruns ou o apoio de uma marca parceira.

Para poder optar pelo uso de uma marca já conhecida, ou pelo desenvolvimento de uma nova marca para se fazer presente na internet, você deve considerar duas questões centrais. A primeira, favorável ao uso de marcas conhecidas, está relacionada com os investimentos a serem feitos em comunicação, que são bem menores, pois há a vantagem de uma (boa) imagem já construída. Por outro lado, uma empresa pode não querer usar sua marca no ambiente online por diversas razões: risco de insucesso em um ambiente desconhecido para a empresa, o que poderia contaminar a imagem da marca no mundo físico; possibilidade de reposicionamento inadvertido da imagem de uma marca tradicional, devido a um grande sucesso na internet; e conflito com seus canais já estabelecidos, a não ser que a empresa aborde um público diferente do seu usual. De toda forma, esse assunto é menos polêmico hoje em dia. A maioria das empresas opta por usar a própria marca, a não ser que tenha razões fortes para não fazê-lo.

Segundo Ries e Ries (2000), um critério adequado para a decisão de utilizar ou não uma nova marca é verificar o que se pretende com a internet: se for uma mídia nova ou um canal novo para o negócio antigo, a marca antiga é adequada. Entretanto, se a internet for utilizada para o estabelecimento de um negócio novo, uma nova marca deve ser adotada.

Preços

Você já deve ter ouvido falar em "concorrência perfeita", situação em que nenhuma empresa tem poder de mercado e os preços são determinados pela livre concorrência. Trata-se apenas de uma teoria, uma vez que nenhum mercado real se comporta da maneira por ela apregoada. Entretanto, a internet parece ser o que mais se aproxima do que se poderia considerar uma base de teste para mercados perfeitos, porque exibe muitas de suas características. Os especialistas, porém, divergem quanto à internet propiciar ou não um mercado perfeito. Essa discussão é abordada por Strauss e Frost (2001).

Aqueles que defendem essa ideia argumentam que a internet promove preços mais baixos devido à existência de agentes de compra e de leilões reversos; à concorrência acirrada, porque o ambiente torna a oferta real mais aparente; à utilização de agentes de comparação de preços; aos custos operacionais mais baixos — autosserviço, incluindo a entrada do pedido; à possibilidade de estoques *just-in-time*; aos custos fixos menores, por não haver a necessidade de um ponto comercial; aos custos de distribuição reduzidos no caso de produtos digitais; à alta elasticidade-preço (consumidores muito sensíveis a alterações de preços); a alterações frequentes de preços, mas com menores aumentos.

Já os especialistas que não concordam que a internet proporcione um mercado perfeito argumentam que ela não apresenta uma importante característica desse tipo de mercado: uma dispersão pequena de preços. Uma das justificativas para que tal ocorra pode ser a imaturidade do mercado online, se comparado ao mercado off-line. Se essa explicação for verdadeira, à medida que os negócios e os consumidores se tornarem mais experientes nesse meio, deve-se esperar que a dispersão de preços diminua. Justificativas mais interessantes para a dispersão de preços consideram outras questões.

❏ *Precificação online* — enquanto no ambiente real a precificação é fixa para um determinado produto em um determinado momento, na internet é possível encontrar o mesmo produto com preço fixo num site, atualizado de forma dinâmica em outro, em leilão num terceiro, ou até mesmo em leilão reverso, situação em que os compradores fazem os fornecedores competirem por meio de sucessivas ofertas, cada uma com preço mais baixo que a outra. E os preços entre esses mercados variam muito.

- *Opções de frete* — o preço total de um produto na internet deve considerar o custo do frete para o envio da mercadoria ao cliente final. E as opções de envio e valores variam muito, de acordo com o local e o tempo de entrega desejados.
- *Marca* — mesmo entre os consumidores que usam agentes de comparação de preços, existem aqueles que escolhem um varejista conhecido, ainda que este não ofereça o menor preço.
- *Custos de troca de site para o consumidor* — não só pela confiança depositada nos sites já conhecidos e pela segurança por eles proporcionada, como também pela familiaridade com a interface e o histórico e pelo conhecimento prévio que esses sites conhecidos já dispõem sobre o consumidor.
- *Recomendações e indicações* — os agentes de comparação de preços mais modernos não só disponibilizam os preços dos diversos varejistas que oferecem o produto procurado, como também os classificam segundo a avaliação dos consumidores que os utilizam. Além disso, há os metamediários, sites agregadores de informações e vendas de diversos produtos complementares sobre um mesmo assunto, como <www.webmotors.com.br>, para o segmento de automóveis. Tais sites podem influenciar na decisão do consumidor, atuando como fontes de informações confiáveis e como referência, fazendo os compradores que os utilizam aceitar sua recomendação em vez de experimentar um varejista mais barato, porém desconhecido.

Existem também na internet alguns fatores que elevam os preços digitais, como:

- *custo de distribuição para os indivíduos* — não se pode esquecer que o preço final do produto para o consumidor deve incluir o custo da remessa;

- *vendas comissionadas* — muitos sites (como a Amazon ou o Submarino) pagam comissão a outros sites pela indicação de clientes, por meio de seus programas de associados (ou afiliados);
- *desenvolvimento e manutenção dos sites* — o desenvolvimento e a manutenção de um site não são baratos. Dependendo do porte, da tecnologia nele empregada e da escala alcançada, o custo de manutenção pode ser significativo;
- *os investimentos em propaganda são tão ou mais importantes do que no mercado físico,* dada a inexistência de uma loja que torne a marca tangível. Uma maneira de contornar essa dificuldade é criar uma comunidade em torno dos produtos que se deseja oferecer, ou utilizar recursos das mídias sociais e do marketing viral — abordados mais adiante — para divulgar os produtos.

Praça

A internet pode ser considerada um canal de distribuição. No entanto, apenas no caso de produtos digitalizáveis, como textos, imagens e sons e, consequentemente, vídeos, músicas, cursos, notícias e alguns serviços, ela abrange todo o canal de distribuição, incluindo a distribuição física: transferência de propriedade e posse. Na maioria das vezes, somente alguns participantes do canal estão na internet. Por isso, apesar de originariamente ter-se previsto que a internet iria eliminar os intermediários, possibilitando a desintermediação dos canais de distribuição, o que se viu em muitos casos foi a criação de novos distribuidores e tipos de intermediários online. Mas existem, de fato, alguns ramos de atividade em que o papel dos intermediários tradicionais vem sendo revisto, como na venda de passagens aéreas.

Alguns dos novos modelos de negócios criados a partir da internet e baseados em canais de distribuição são:

- *patrocínio de conteúdo* — são sites que atraem bastante tráfego e geram receitas com a venda de espaço publicitário a outras empresas. Baseia-se no modelo de negócios da mídia tradicional. É utilizado por alguns dos sites mais valorizados na internet, incluindo os maiores portais: UOL, Google, Yahoo!, entre outros. Diversos jornais e revistas online também utilizam esse modelo. Na verdade, boa parte do conteúdo na internet é financiada por propaganda. O patrocínio de conteúdo é frequentemente utilizado em combinação com outros modelos, de forma a gerar um *mix* de receitas, como já explicado;
- *venda direta* — é o caso do produtor que usa a internet para vender diretamente ao consumidor de seus produtos, sendo similar aos fabricantes que vendem por meio de catálogos, por exemplo. Na internet, porém, essa prática tende a ser mais fácil, porque o meio possibilita a automação da configuração e da entrada dos pedidos, e mais barata, porque não há custos de produção do catálogo, de pessoal de venda e de remessa postal;
- *infomediários* — são organizações que agregam e distribuem informações online. Uma das formas empregadas por esse tipo de negócio é acompanhar o que fazem os usuários, monitorar seu comportamento em sites, se possível recompensando-os. Essa é, por exemplo, uma das fontes de receita dos agentes de comparação de preços;
- *corretores ou agentes online* — aproximam vendedores e compradores para concretizar um negócio. Cobram comissão dos vendedores e/ou dos compradores para fornecer serviços de negociação e troca. Alguns também cobram para fazer constar o nome do cliente em seus diretórios classificados. São exemplos: <www.zap.com.br>, para negócios com imóveis

e automóveis; <www.decolar.com>, para viagens; <www.webnoivas.com.br>, que reúne em um único local da internet todos os possíveis serviços e fornecedores para casamentos; e <www.webmotors.com.br>, que auxilia na compra de um automóvel. Todos esses modelos de agentes representam o vendedor e dele recebem comissão, ou não representam nenhuma das partes, cobrando quando ocorre um negócio;

- *varejistas online* (também chamados de *e-tailers*) — é o modelo mais visível no comércio eletrônico. Três tipos de varejistas online normalmente apresentam estratégias competitivas diferentes e podem ter também operações logísticas diferentes. O primeiro tipo é conhecido como *bit vendor* — varejistas que vendem apenas produtos digitalizáveis (conteúdos em forma de texto, imagem, áudio e vídeo) ou serviços, como <www.symantec.com.br> ou <www.iped.com.br>. Nesse caso, a distribuição é eletrônica e a logística envolve a disponibilização da tecnologia adequada aos volumes e frequências envolvidos. O segundo tipo é composto por varejistas presentes apenas na internet que vendem produtos tangíveis, também conhecidos como ".com", sendo o Submarino um bom exemplo. Sua logística é complexa, valendo-se de centros de distribuição, empresas de correios e entrega expressa. O último tipo é representado pelos *varejistas tradicionais* de produtos tangíveis, que utilizam a internet como mais um canal de distribuição. Alguns operam com uma estrutura similar a uma ".com", ou seja, mantêm operações online e off-line completamente distintas. Mas uma grande vantagem desse tipo de varejista sobre os ".com" é obtida integrando-se a logística de suas operações na internet com a tradicional, pois, dependendo da capilaridade da rede física, os estoques das lojas viabilizariam o atendimento ao consumidor em prazos bem menores do que os normalmente oferecidos pelas empresas ".com". Os dois últimos tipos de varejistas têm de lidar com uma dificuldade adicional: sua operação global apresenta desafios ainda maiores do que sua atuação local — logística, pós-venda, barreiras culturais e tecnológicas são alguns dos fatores críticos.

É sabido que os canais de distribuição desempenham importantes funções no processo de marketing. A internet influencia principalmente as seguintes funções:

- *contato com os compradores* — customizado segundo as necessidades do comprador, disponibiliza várias fontes de referência: mecanismos de busca, agentes de compras, listas de discussão, chat rooms, e-mail, além de ser acessível 24 horas por dia, sete dias na semana, a um custo para os vendedores menor do que o custo de oferecer a mesma disponibilidade no ambiente tradicional;
- *adequação do* mix *de produtos às necessidades do comprador* — essa é uma função em que a internet se sobressai. Os consumidores podem fornecer uma descrição geral de seus requisitos e os agentes de compra fazem uma lista dos produtos que se ajustam a eles. Os mecanismos de filtragem colaborativa de alguns sites, como <www.amazon.com>, podem predizer as preferências dos clientes baseados no histórico de seu comportamento de compra e no de clientes com perfis similares. No entanto, devido à complexidade da tarefa e à necessidade de escala, são poucos os sites que utilizam essa função;
- *negociação de preço* — apesar de ser frequentemente apontada como uma desvantagem nas compras pela internet, a possibilidade de negociação existe nesse meio, apenas de forma diferente da tradicional. Os leilões reversos e os agentes de comparação de preços são exemplos de instrumentos virtuais de negociação;

- *distribuição física* — como já abordado, no caso dos produtos digitalizáveis a internet é o canal de distribuição física. As principais empresas a tirar proveito dessa oportunidade são não só os veículos de mídia — rádio, televisão, revistas, jornais —, mas também os fabricantes de software e as empresas educacionais, entre outras. Para esses produtos, a entrega eletrônica reduz significativamente os custos de distribuição em relação à alternativa de seu envio pela forma tradicional, que envolveria custos de conversão do conteúdo para uma mídia (impressa, DVD ou *blu-ray*), empacotamento e posterior remessa.

Composto promocional

Na internet, em vez de se empregar a abordagem tradicional do composto promocional normalmente utilizada para o *mix* de marketing, é preferível trabalhar com o conceito mais atual de comunicações integradas de marketing, também conhecido pela sigla IMC (do inglês *integrated marketing communications*). Isso requer uma visão abrangente do planejamento da comunicação, envolvendo propaganda, promoção de vendas, relações públicas, venda pessoal, marketing direto e demais componentes do *mix* de marketing, para se obter o máximo impacto junto aos públicos-alvo das empresas. Para tanto, são consideradas algumas premissas:

- uso integrado dos 4 Ps para criar conhecimento do produto, atitude em relação à marca e intenção de compra no consumidor, integrados para construir imagens de marca consistentes;
- forte dependência de bancos de dados, o que é mais fácil de se lidar na internet do que tradicionalmente;
- reconhecimento de que existem muitas outras audiências de interesse, além do consumidor, que afetam a lucratividade da empresa: funcionários insatisfeitos não contribuem para uma imagem de qualidade, fornecedores insatisfeitos dificultam as

operações da empresa, a imagem que a comunidade tem da empresa facilita ou dificulta sua atuação e assim por diante;
❑ necessidade de interação com essas audiências, o que é facilitado pelo meio;
❑ uso de diversas mídias para transmitir mensagens, sendo preciso manter coerência de imagem e de posicionamento entre elas.

Avaliando-se a utilização de cada componente do composto promocional no ambiente da internet, percebe-se que propaganda, promoção de vendas, relações públicas e marketing direto têm correspondentes na rede. A venda pessoal, porém — entendida como aquela efetuada por uma equipe de vendas —, é vista pela maioria dos especialistas como inexistente no ambiente virtual, pelo antagonismo da impessoalidade da comunicação intermediada por computador com a proximidade possibilitada pelo contato face a face. Alguns profissionais do marketing eletrônico, contudo, argumentam que tal situação vem sendo amenizada e já se encaminha para uma solução bem próxima do conceito teórico. Já se dispõe de tecnologia para o monitoramento em tempo real do comportamento do usuário por uma equipe de operadores remotos e, quando adequado, para a apresentação de janelas de chat que possibilita a interação entre eles e os compradores, o aparecimento na tela da imagem do operador e até mesmo navegação conjunta no site. Além disso, muitas vezes pode-se recorrer a um *call center* tradicional para auxiliar nas vendas. Todos os grandes varejistas online brasileiros utilizam essa estratégia.

Propaganda online

Considera-se propaganda online todo espaço pago por patrocinador identificado, seja na rede ou via e-mail. Assim, conclui-se que o site da empresa não é considerado como tal, nem os banners da empresa ou de seus produtos que nele figuram. A propaganda online tem crescido sistematicamente mais do que outras formas de propaganda, tornando-se altamente relevante em diversos setores. Segundo notícia divulgada pela BBC, a internet ultrapassou a TV no volume total dos gastos com publicidade no primeiro semestre de 2009. Nos EUA, segundo notícia do *Wall Street Journal*, em 2010 os gastos com propaganda online superaram pela primeira vez os realizados com anúncios em jornais.

Ao se conceber campanhas publicitárias para veiculação na internet deve-se levar em conta os mesmos elementos considerados em anúncios para mídias tradicionais: apelo, conteúdo da mensagem, forma visual coerente e agradável para passar a mensagem e veículo mais adequado. No meio virtual, essa preocupação pode ser ainda mais importante, pois é preciso reter a atenção do visitante em sua navegação. Além disso, apesar de os elementos serem os mesmos, há novas formas de se chegar aos resultados, como anúncios personalizados e contextualizados.

Existem diversas maneiras de se utilizar a internet na propaganda. Mais adiante, em seções específicas, trataremos do e-mail marketing e do *search engine optimization* (SEO), por suas particularidades. Já os patrocínios, banners e links patrocinados serão vistos em seguida.

Os *patrocínios*, de modo geral evitados pela mídia impressa por integrarem conteúdo editorial e propaganda (salvo em alguns casos incomuns, como o das revistas femininas, que vinculam receitas culinárias e artigos sobre moda aos fornecedores dos produtos veiculados), são eventualmente utilizados como estratégia de promoção na internet. Essa prática agrada aos anunciantes, pois não só aumenta sua exposição, como cria a impressão de que o site endossa seus produtos. Há quem se preocupe com a questão ética dos patrocínios, quando os usuários não conseguem identificar facilmente o patrocinador do conteúdo. Quando um conteúdo publicitário é passado como se fosse gerado localmente, existe o risco potencial de reduzir a credibilidade do site e, assim, prejudicar a imagem de sua marca. O patrocínio é certamente uma forma menos comum de propaganda, se comparado aos banners e links patrocinados.

É importante diferenciar a publicidade tradicional da publicidade online no que diz respeito à segmentação da audiência. Na mídia tradicional, como no caso de uma revista impressa, um determinado anunciante, ao publicar sua propaganda, tem a certeza de que todos os leitores da revista estarão expostos à sua publicidade.

Já na publicidade online, isso normalmente não acontece, uma vez que o anunciante adquire uma parte da audiência do site. Como veremos detalhadamente na seção "Análise de sites", na publicidade online a audiência é medida por parâmetros como páginas visitadas (*page views*) e visitantes únicos (*unique visitors*).

As formas mais comuns de se adquirir espaços publicitários — em particular banners e links patrocinados — são as seguintes:

❏ CPM (*custo por milhar*) — nesse caso, adquire-se um conjunto de impressões online do anúncio. Uma impressão é uma oportunidade de o usuário "ver" o anúncio. Os anúncios são usualmente comercializados em pacotes de mil impressões, daí o uso corriqueiro do custo por milhar (CPM) como unidade de custo. É a forma mais comum de se comercializar banners. Por exemplo, se determinado portal tem uma audiência diária de 1 milhão de páginas visitadas, e determinado anunciante adquiriu um conjunto de 100 mil impressões/dia (em geral, fala-se que ele adquiriu 100 CPM), verifica-se que seu anúncio será exibido na proporção de 100 mil/1 milhão, ou seja, somente 10% das páginas que o portal exibe conterão a publicidade daquele anunciante.

❏ CPC (*cost per click, também chamado de PPC, pay per click*) — quando a colocação de um anúncio é cobrada por clique

que ele recebe. O anunciante é debitado cada vez que um usuário clica em um banner ou link patrocinado. Muitas vezes, o valor a ser debitado é calculado por meio de um leilão, no qual os anunciantes fazem ofertas pelas melhores posições de seus anúncios. É a forma mais comum de se comercializar links patrocinados em páginas de busca.

❏ *CPA (cost per action)* — quando a colocação do anúncio é cobrada por resultado, ou seja, quando o anúncio gera uma determinada venda ou ação desejada pelo anunciante; nesse caso, a empresa que veicula a propaganda recebe uma comissão. É usada em programas de afiliados e também em grandes portais.

Entre essas formas, o CPM é a mais antiga e ainda muito utilizada. O CPC é disseminado pelo Google, sendo a forma que mais cresce. Os valores cobrados por um clique variam muito, dependendo da palavra-chave adquirida e de sua procura pelos anunciantes, assim como do contexto da campanha. Em cada caso concreto, é importante que o anunciante sempre compare preços entre as alternativas de veiculação disponíveis. No caso do CPM, os preços e condições de negociaçao também variam consideravelmente, mas alguns anunciantes publicam tabelas padrão de valores. O quadro 3 traz informações sobre valores a partir da tabela de preços do site Yahoo! Brasil de agosto de 2010.

Quadro 3
VALORES TÍPICOS DE CPM — YAHOO! BRASIL

Tipo de banner	CPM
Full banner e superbanner rotativo no site	R$ 30,00
Retângulo rotativo no site	R$ 35,00
Banner home 350 × 100	R$ 40,00
Banner home 350 × 200	R$ 55,00

Fonte: <http://www.publicidadeyahoo.com.br/pdf/tabelaprecos/tabela deprecos.pdf>, acesso em ago. 2010.

Banners

O mercado costuma usar a palavra banner para se referir aos mais diversos formatos e modelos de propaganda em sites. Trata-se basicamente de uma propaganda visual, em espaço delimitado, em uma página de um site. Assemelha-se ao conceito dos anúncios em jornais, mas, por serem clicáveis, possibilitam o acesso a outras informações de interesse do anunciante, como seu site. São imagens de tamanhos variados que buscam chamar a atenção dos usuários para produtos e serviços de anunciantes.

Os banners podem ser inseridos em páginas ou em janelas que se abrem quando o usuário navega no site, chamadas de pop-ups. Quando veiculados na forma de pop-ups, podem ser bloqueados pelo usuário que não deseja novas janelas se abrindo automaticamente e prejudicando sua navegação. Esse tipo de bloqueio não chega a dar prejuízo aos anunciantes, já que usualmente são cobradas apenas as exibições que efetivamente ocorreram e, não, as bloqueadas. Mas diminuem as receitas dos sites que vendem publicidade. Por isso, os sites vêm cada vez mais trocando o formato pop-up por outros formatos, muitas vezes tão invasivos quanto o pop-up, mas que se mantêm na janela do navegador.

Os tamanhos dos banners são padronizados pelo Interactive Advertising Bureau <www.iab.com>, de forma a facilitar a veiculação de um mesmo banner em diversos sites. Os tamanhos mais comuns são chamados de full banners, half banners, square buttons e skyscrapers, que são banners realmente altos que ocupam toda a lateral de uma página. O mercado utiliza os nomes em inglês, e o formato exato de cada um pode ser conferido no site do IAB. Apesar da padronização, a maioria dos veículos aceita trabalhar com tamanhos diferentes, cobrando preços mais altos. De modo geral, banners maiores costumam propiciar mais cliques que banners menores, como se pode observar em diversos relatórios disponíveis na <www.doubleclick.com>, uma empresa especializada na veiculação de propaganda online, e que atualmente pertence ao Google.

Hoje em dia, poucos banners são imagens estáticas. Cada vez mais, eles são construídos para interagir com os usuários, chamando ao máximo sua atenção. A tecnologia mais utilizada na confecção de banners é o Flash. Essa tecnologia permite a criação de animações interativas leves, que chegam rapidamente aos usuários. Alguns banners, em especial os mais antigos, também usam bastante o formato GIF. Um banner em GIF é mais fácil, rápido e barato de produzir, mas tem limitações em sua capacidade de animação, não podendo interagir com os usuários.

A efetividade de um banner está intimamente relacionada a três fatores: seu *conteúdo*, seu *formato* e o *veículo* (público) a que está exposto. Um anunciante pode fazer uma campanha exibindo seu *banner* apenas para o universo de usuários interessados em determinado assunto. Isso é possível porque muitos sites obtêm informações sobre os interesses de seus usuários. Por exemplo, a Ford pode exibir um banner no site <www.webmotors.com>, que trata de automóveis. Essa é uma forma de segmentar o público que irá visualizar o banner, tornando-o muito mais efetivo. A maioria dos anunciantes deve buscar esse tipo de segmentação. Em alguns casos, é possível segmentar o público geograficamente. Alguns sites, apesar de receberem usuários de todo o mundo, podem aceitar exibir um banner apenas para determinada região (país, estado ou cidade, dependendo do site) ou apenas para usuários que utilizam navegadores configurados para determinados idiomas.

Outra forma de aumentar a efetividade de um banner é utilizar formatos alternativos, maiores ou com destaque especial, como o *expandable banner* (expansível), que se torna maior quando o usuário passa o cursor sobre ele.

O preço de veiculação de banners varia conforme o modelo (tamanho, tecnologia utilizada, interação com a página, local de exibição na página, entre outros) e quão visitado é o local de sua exibição. A exibição unitária de um banner costuma ser mais barata num site genérico, como um portal horizontal, do que num site voltado para um público específico, como um portal para profissionais de informática. Mesmo em um único site, em suas áreas mais genéricas, nas quais há visitantes de todos os perfis, o preço da veiculação unitária do banner é menor do que nas áreas mais específicas, onde se concentra um determinado perfil de usuários. Obviamente, a veiculação em áreas mais específicas, nas quais se encontra o público-alvo do banner, costuma gerar retornos mais eficazes para a empresa.

Um estudo de Briggs e Hollis, de 1997, citado por Strauss e Frost (2001), testa a eficácia da propaganda por meio de banners. Uma medida da eficácia desse tipo de propaganda é contar o número de usuários que clicam no banner. Mas ainda que os usuários não cliquem, sua exposição ao banner pode ter aumentado o reconhecimento da marca ou influenciado sua atitude em relação à empresa ou ao produto. Os resultados do estudo conduzido por Briggs e Hollis levam à conclusão de que os banners funcionam "inequivocamente", pois aumentam de forma efetiva a fidelidade e o reconhecimento das marcas por parte dos pesquisados.

Links patrocinados

A forma de propaganda que mais cresceu nos últimos anos foi o uso de links patrocinados. Originariamente inventados pelo site <GoTo.com> e depois massificados pelos programas Google Adwords e Yahoo! Search Marketing, são hoje uma das iniciativas de divulgação mais comuns na internet. O sistema de links patrocinados permite ao anunciante um grande controle sobre que público verá seus anúncios, a verba a ser investida e o retorno de sua publicidade.

Ao anunciar no programa Google Adwords, por exemplo, o anunciante escolhe as palavras-chave relacionadas ao seu anúncio. Feita a escolha, quando um usuário do Google faz uma pesquisa, se tiver empregado uma das palavras-chave escolhidas, o anúncio é exibido. Como o Google Adwords normalmente usa o modelo PPC (*pay per click*), o anunciante remunerará o Google apenas se o anúncio for efetivamente clicado pelo usuário. Esse sistema é responsável por grande parte das receitas do Google, sendo um grande sucesso mundial.

Boa parte do sucesso do sistema vem do profundo controle que este permite ao anunciante. O sistema funciona como um leilão, sendo o próprio anunciante quem informa o valor que está disposto a gastar por clique. De acordo com o valor informado, o anúncio pode ganhar mais ou menos destaque (isto é, aparecer nos primeiros ou nos últimos lugares entre os links patrocinados). Com o tempo, o Google leva em conta também a eficácia do anúncio (com que frequência ele é clicado), além do valor pago, para decidir a ordem em que aparecerá.

Além do controle sobre o valor pago, o anunciante pode escolher a região geográfica de seu anúncio, os horários em que será exibido e muitas outras características. Também pode analisar o retorno dos anúncios. Provendo o Google com informações sobre as vendas do site, pode-se obter relatórios detalhados de conversão, isto é, de quanto dinheiro foi investido nas propagandas para gerar cada venda.

Tanto o Google quanto o Yahoo! organizaram grandes redes de parceiros para os links patrocinados. Assim, o anunciante pode escolher veicular seus anúncios em dezenas (centenas, ou mesmo milhares) de outros sites. É um sistema simples para a publicação de um anúncio em muitos sites. No caso do Google Adwords, a rede de parceiros é formada por milhares de pequenos sites, e os resultados são frequentemente mais modestos, quando comparada à qualidade do clique (conversões em vendas) no site do próprio Google. Assim, é importante acompanhar a qualidade dos cliques obtidos (isto é, se os usuários que vieram ao seu site clicando no anúncio geraram as receitas esperadas) e oferecer um valor compatível, usualmente menor, para a exibição na rede de parceiros.

Apesar de permitir, em alguns casos, anúncios com imagens, a maioria dos anúncios do Google Adwords é no formato texto, com uma mensagem curta e direta, focada, que atrai usuários para obter mais informações no site da organização ou, ainda melhor, em uma página especialmente elaborada como resposta ao anúncio.

Search engine optimization (SEO)

O *search engine optimization*, ou SEO, é o processo de se adaptar determinado site de forma a obter um aumento no volume de tráfego e uma melhoria na qualidade dos usuários provenientes das ferramentas de busca, como o Google, o Live Search, o Yahoo! Search e o UOL Busca.

Algumas ferramentas de busca, além das indicações naturais (chamadas de *orgânicas*), também oferecem propagandas (links patrocinados). Nesse caso, não se aplica o SEO. As propagandas são exibidas e levam os usuários para o site do anunciante, independentemente das técnicas de SEO, sendo simplesmente comercializadas. Esse sistema já foi tratado na seção anterior. O SEO é utilizado para gerar um fluxo orgânico — e gratuito — de usuários para o site. Utilizando-se bem o SEO, pode-se obter um resultado de custo/benefício surpreendente e positivo.

Um profissional que pretenda usar técnicas de SEO para melhorar um site deve estudar o funcionamento das ferramentas de busca e fazer as mudanças necessárias no site para que este seja listado sempre com prioridade nas buscas por termos relacionados à sua atividade. Essa é a essência da atividade de SEO. Ser listado na primeira página de resultados nas buscas por palavras-chave é o desejável. Então, antes de qualquer coisa, deve-se escolher quais as palavras mais importantes (as que são mais procuradas pelo público-alvo nas ferramentas de busca) para se destacar em cada página do site.

Uma vez escolhidas as palavras que se considera mais relevantes para busca em cada página do site, parte-se para a adaptação do site, destacando-as pela ótica das ferramentas de busca. Essas palavras devem aparecer em abundância, tanto no texto quanto em partes de destaque especial, como cabeçalhos, título e no próprio nome dos arquivos que compõem o endereço da página.

Além de se destacar bem as palavras, o site deve ser construído com especial cuidado, de modo que sua estrutura seja compatível com as ferramentas de busca, que devem conseguir navegar por todo o site. Algumas tecnologias, como o Adobe Flash, podem atrapalhar quando usadas indiscriminadamente.

As ferramentas podem também ter critérios próprios para destacar determinados sites em detrimento de outros, o que faz com que a otimização para uma determinada ferramenta de busca não funcione necessariamente para todas. O Google, por exemplo, usa o algoritmo PageRank (patenteado pela Universidade de Stanford e desenvolvido pelos fundadores do Google) para julgar a importância relativa de cada site na internet e associar a ele uma nota. O Google considera os links existentes na internet como votos de confiança. Assim, o PageRank é maior quando um site está associado a muitos links oriundos de outros sites. E PageRanks maiores levam o site a posições melhores nos resultados do Google.

O SEO, em geral, nem é algo negativo, nem é propriamente indesejado pelas ferramentas de busca (apesar de também não ser facilitado por elas). Mas determinadas técnicas de SEO visam a colocar em evidência sites que não estão relacionados à busca realizada pelo usuário. Essas técnicas são chamadas de *black hat SEO* ou de *spamdexing*. As ferramentas de busca procuram impedir tais técnicas, pois elas tendem a piorar a qualidade dos resultados das buscas.

O SEO é um assunto complexo, mas importante. Um profissional de marketing que deseje se aprofundar no assunto deve procurar conhecer um pouco sobre como um site é construído e as tecnologias usadas. Além disso, deve pesquisar sempre sobre o SEO na internet, já que as técnicas são dinâmicas. Um bom site para se acompanhar o assunto é o <www.searchenginewatch.com>.

Análise de sites

A análise do comportamento dos usuários é um dos processos mais importantes para o aprimoramento constante de um site. Sem essa análise, não se obtém as informações necessárias para melhorar os serviços e as informações fornecidas. Utilizando-se ferramentas especializadas pode-se compreender como os usuários se comportam e tomar iniciativas para atender cada vez melhor a suas necessidades.

As diferentes áreas de uma organização podem ter razões distintas para analisar um site. A área de marketing, por exemplo, pode ter interesse em saber de que cidades vêm os usuários, em que site navegavam antes de chegar ou se vieram de uma campanha de e-mail marketing. Já a área de conteúdo pode preferir saber quais as páginas e seções mais visitadas e o tempo médio das visitas. A área de tecnologia certamente se interessará pelo tempo de entrega (download) de cada página e pelos erros ocorridos, assim como a área de desenvolvimento de software desejará saber quais os navegadores e resoluções de tela utilizados pelos usuários. Todas essas questões são importantes para a gestão das páginas de uma organização.

O primeiro passo para se analisar um site é conhecer as medidas do tráfego de usuários. As mais usadas são: visitantes únicos (*unique visitors*), visitas (*sessions*), páginas visitadas (*page views*) e hits. Visitantes únicos é a contagem do número de usuários diferentes que visitaram o site num determinado período. Visitas representa o número de vezes que o site foi acessado em determinado período, enquanto páginas visitadas é o número total de páginas visualizadas. Lembre-se que um site é composto por uma série de páginas, e os usuários normalmente visualizam diversas páginas em uma única visita. Já os *hits* são o número total de elementos (páginas, imagens, animações, textos e outros arquivos) enviados para os usuários em todo o site, sendo uma medida de interesse apenas tecnológico, mas não de marketing.

Para compreender melhor esses conceitos, vejamos um exemplo. Imagine que você esteve *três vezes* no site XPTO no mês passado e que, em cada vez, visualizou *quatro páginas*. De posse dessas informações, já podemos saber quantos visitantes únicos, visitas e páginas visitadas foram contabilizados no mês passado por sua causa.

Considerando o exemplo, apenas um único visitante foi contabilizado, independentemente de quantas vezes você foi ao site, já que *visitantes únicos* é o indicador de usuários diferentes, únicos, que acessam um site. Mas foram contabilizadas *três visitas*. Essa é a unidade utilizada para medir o número total de visitas recebidas, independentemente de o usuário já ter estado no site anteriormente. O número de páginas visitadas contabilizado foi 12 (três visitas, multiplicadas por quatro páginas em cada visita). Essas são unidades muito usadas na análise de tráfego dos sites, do ponto de vista do profissional de marketing.

Os visitantes únicos podem ser identificados através dos cookies, que são pequenos textos que os sites podem enviar aos navegadores a fim de identificar usuários e memorizar preferências. Em visitas posteriores ao mesmo site, o navegador reenvia os dados para o site originador do cookie. Os cookies foram desenvolvidos pela Netscape, em 1994, com o objetivo de permitir a implementação confiável de um carrinho de compras.

Os hits são um pouco mais difíceis de calcular. Cada página pode acarretar a contagem de dezenas de hits, de acordo com o número de imagens, animações e outros elementos (*arquivos*, para ser tecnicamente preciso) que contenha. Os *hits* também mudam de acordo com as decisões tomadas na implementação do site, como, por exemplo, a divisão de uma mesma imagem em duas ou mais partes. No exemplo, se cada página possuir 30 elementos, o número total de hits gerados por suas visitas ao site XPTO no período foi de 360 (12 páginas visitadas, multiplicadas por 30 hits em cada página). O número de hits também pode trazer problemas de contagem derivados de questões de infraestrutura de rede. Por exemplo, a existência de caches, que armazenam dados para acelerar o desempenho da rede, pode fazer com que a contagem não seja confiável.

Há duas formas de se analisar um site, que diferem de acordo com a maneira de coletar os dados. A primeira é a *análise de logs* dos servidores. É a mais antiga, mas hoje a menos utilizada. Nesse caso, a contagem é feita por programas especializados, chamados genericamente de log *analysers*. Log significa um arquivo de registro, uma espécie de diário. O log de um site é criado por seu servidor web, o programa que cuida do envio de suas páginas aos usuários. Sempre que o servidor web envia um elemento qualquer do site para um usuário, ele anota no log, gerando um grande arquivo, que registra tudo o que aconteceu no período.

O log gerado pelo servidor web possui uma enorme quantidade de informações sobre a movimentação dos usuários. Mas são informações cruas, que precisam ser organizadas em relatórios gerenciais antes de serem analisadas. Existem muitos programas para a análise de logs (*log analysers*), com preços que variam de poucas dezenas até alguns milhares de dólares. Eles podem ser encontrados em sites de download de software na internet, e normalmente podem ser experimentados antes da compra. Um exemplo é o 123 Log Analyzer <www.123loganalyzer.com>, que é barato e simples de usar. Já um programa bem completo é o WebTrends <www.webtrends.com>. No caso de sites de grande movimento, além de os logs ocuparem grande espaço, a geração dos relatórios gerenciais também demanda muito tempo e capacidade de processamento, o que pode se tornar uma questão tecnicamente complicada.

A segunda forma de coletar dados para a análise de um site é por meio de page/events tags. Esses tags são pequenos *scripts* (comandos) acrescentados ao código fonte (programa) das páginas do site. Quando a página é vista, o tag "avisa" a um programa na internet que aquela página foi acessada por um usuário. Esse programa "anota" todos os avisos e gera um relatório de análise do site. O uso desse sistema traz algumas vantagens: além de o sistema ser bem mais prático e simples de usar, permite, facilmente, a análise dos dados em tempo real. Mas há desvantagens: ele não gera relatórios anteriores à inserção dos tags, não analisa a entrega das imagens e arquivos separadamente, nem oferece uma visão completa das mensagens de erro do site.

A opção mais usada na análise de sites por tags é o Google Analytics <www.googleanalytics.com>. É gratuito para a maioria dos usuários (exceto para sites com grande tráfego de visitantes) e oferece relatórios muito bons. Outra opção é o Mint <www.haveamint.com>. A desvantagem do Mint é que, sendo um software (e não um serviço, como o Google Analytics), é preciso instalá-lo, o que é mais complicado e trabalhoso. A vantagem é a manutenção das informações com o dono do site, sem seu compartilhamento com terceiros. Ao se usar o Google Analytics, o site compartilha com o Google todas as informações de uso, o que pode ser indesejado.

Além das informações básicas sobre o número de visitantes únicos, visitas e páginas visitadas, os relatórios gerados (por qualquer um dos métodos) oferecem uma enorme variedade de análises e gráficos que permitem saber em detalhe como os usuários do site se comportam. Mas lembre-se sempre que o objetivo das análises é fornecer uma visão abrangente do tráfego no site, e não obter informações específicas sobre um usuário ou um processo de negócios individual.

Entre as informações obtidas nos relatórios, podemos ressaltar algumas, como o tempo médio de cada acesso, o número médio de páginas visualizadas e a frequência de retorno dos usuários. São três indicadores importantes, e relacionados entre si, para a análise da performance e da efetividade do site ao longo do tempo.

O tempo médio de cada acesso indica quanto tempo os usuários permanecem no site. Por exemplo: um tempo médio de oito minutos indica que, em média, os usuários permaneceram oito minutos navegando nas páginas de determinado site. É desejável que o tempo aumente com o passar dos meses, pois isso costuma indicar um aumento de interesse dos usuários pelo conteúdo do site. Porém, se ocorrem modificações no tempo médio, é sempre importante observar as razões que levaram os usuários a permanecer mais (ou menos) tempo navegando no site.

As razões são variadas. Pode haver um aumento de interesse do usuário, o que é positivo para a empresa. Mas também pode ocorrer um problema de performance no site, o que torna as páginas mais lentas, ou mudanças que dificultam a navegação dos usuários, tornando-a mais confusa. Ou mesmo uma mudança no perfil do usuário, com mais usuários novos ou antigos. Por isso, é importante analisar os indicadores em conjunto. O aumento no número médio de páginas visitadas costuma ser um indicador positivo, apontando para um aumento de interesse do usuário, a não ser que mudanças no site o tenham tornado mais confuso ou distribuído seu conteúdo por mais páginas.

Outra informação presente nos relatórios é a origem dos usuários. Na internet, entende-se por origem tanto um local físico (em que países ou cidades se encontram os usuários), quanto um site (o site em que os usuários estavam navegando antes de "clicar" um link e virem parar no seu). Ambas as informações são bastante úteis. A primeira, para você traçar um perfil de seu usuário e verificar se o site está tendo visitas de lugares geograficamente úteis para a sua organização. Se sua empresa só trabalha com vendas locais, qual a utilidade de receber usuários de outros países? A segunda é ainda mais importante. Com ela você descobre que sites estão apontando links para o seu, e pode não só procurar aprofundar o relacionamento com eles, como buscar outros sites similares e ampliar o número de locais na web que apontam para as suas páginas. De uma forma ou de outra, são informações que podem ser usadas nas ações de marketing online.

Os relatórios também informam o número de visitas por hora e por dia da semana. Essas informações ajudam a traçar o perfil médio dos usuários, isto é, se eles acessam da empresa em que trabalham, no horário comercial, ou se são usuários de fim de semana. E também indicam os dias e horários de baixa nos acessos, isto é, quando a infraestrutura do site está subutilizada, podendo ser mais bem aproveitada por meio de ações pontuais que propiciem um fluxo maior de usuários, como o envio de um informativo por correio eletrônico, por exemplo.

Uma espécie de termômetro que indica as partes mais quentes e frias do site são os indicadores de páginas mais e menos visitadas. Trata-se de informações simples, mas que ajudam a descobrir onde está o interesse do público e a encontrar problemas no site. Por exemplo, se há um conteúdo realmente importante em páginas pouco acessadas, provavelmente existem dificuldades de navegação ou de comunicação com os usuários.

Deve-se ter sempre em mente que todos os números presentes nos relatórios são aproximados e sujeitos a erros. Também deve-se lembrar que nem todas as visitas são de clientes ou clientes potenciais; muitas são de funcionários da organização, concorrentes, curiosos que chegaram às páginas por engano, pessoas procurando emprego, entre outros. Mas os números informados são suficientemente próximos da realidade, sendo de extrema utilidade para a gestão de marketing do site.

Além das ferramentas empregadas para analisar o comportamento dos usuários no site como um todo, existem ferramentas para a análise de cada página em separado. Pode-se desejar saber onde os usuários clicam, por exemplo. Uma ferramenta que gera "mapas de calor", indicando os lugares mais "quentes" de cada página (onde os usuários mais clicam), é o Crazy Egg <www.crazyegg.com>.

No caso de se analisar o site por motivos internos, para obter informações necessárias à gestão de marketing e às demais áreas da organização, o processo já descrito é suficiente. Entretanto, se a análise for feita com o objetivo de prestar contas a anunciantes ou de divulgar os números no mercado, é necessária uma auditoria no processo. Hoje, muitas empresas tradicionais de auditoria prestam serviços para sites. É claro que uma análise auditada é muito mais cara e trabalhosa do que uma análise feita para uso interno.

De modo geral, deve-se entender a análise dos logs como uma forma de melhor conhecer e atender nossos usuários e não como uma medida absoluta do sucesso do site. Receber uma quantidade maior de pessoas no site só é bom na medida em que o público gere resultados para a organização. Se o modelo de receitas é a venda de publicidade no próprio site, "mais gente" normalmente significa "mais receitas". Porém, se o propósito da presença na internet é a comercialização de produtos e serviços, "mais gente" só é interessante quando mais negócios são realizados ou há um ganho de imagem institucional.

Por último, pode-se desejar fazer uma análise comparativa com sites concorrentes. Nesse caso, há uma ferramenta bastante útil: a Alexa <www.alexa.com>. Com ela, é possível comparar o número de visitantes de sites diversos e, com isso, observar se os picos de acesso são causados por boas ações de marketing de um site em particular ou se são um movimento do mercado como um todo. O Alexa funciona apenas para os maiores sites, não sendo uma ferramenta aplicável a pequenos negócios.

E-mail marketing

O *correio eletrônico* (e-mail), como o conhecemos hoje, surgiu no início dos anos 1970. Durante muito tempo foi usado exclusivamente para fins acadêmicos ou pessoais. Mas, no final da década de 1980, as empresas começaram a perceber o potencial gerador de negócios das mensagens. A rede estava iniciando sua expansão para fora do domínio das universidades, e os consumidores começavam a se tornar disponíveis por meio de seus endereços eletrônicos. Tudo a um custo baixíssimo, se comparado às formas tradicionais de comunicação direta.

Hoje, o correio eletrônico é amplamente utilizado para fins comerciais. As mensagens oferecem grandes benefícios, pois têm baixo custo, o processo de envio é simples e rápido, podem ser inteiramente personalizadas e atingem os clientes em segundos. Apesar disso, o uso eficiente do correio eletrônico exige cuidados. O envio de mensagens em massa é chamado de bulk mail. É importante criar uma política adequada à organização para a sua utilização. O uso inadequado das mensagens pode desgastar a marca, pelo incômodo que mensagens indesejadas podem causar aos clientes.

Uma empresa que deseje evitar esse desgaste, ao criar uma política de divulgação por meio de mensagens eletrônicas, não deve levar em conta apenas os seus próprios interesses. A organização deve observar também o interesse dos receptores. Por outro lado, empresas (ou indivíduos) que têm um grau de compromisso menor com sua marca podem criar políticas menos rígidas. Perdem na marca, mas ganham na flexibilidade para o envio de mensagens.

Apesar de a boa prática de mercado indicar que as empresas devem sempre evitar o envio de mensagens não solicitadas, observa-se que essa não é a opção de muitas organizações. Indivíduos e pequenas empresas sofrem a tentação de usar as mensagens eletrônicas indiscriminadamente. Afinal, as mensagens são uma forma de baixíssimo custo de divulgação de produtos e serviços. Ainda que a ação possa ser prejudicial à marca, em muitos casos os benefícios superam amplamente o inconveniente, se a ação for analisada estritamente do ponto de vista financeiro. É importante também, é claro, observar a legalidade do envio. O ambiente legal sofre alterações com o tempo, e o envio de mensagens não autorizadas pode ser permitido em determinado momento, mas se tornar ilegal posteriormente.

Uma mensagem comercial é chamada de spam quando enviada *sem autorização* para um grande número de pessoas. Já as mensagens *totalmente autorizadas*, com cujos conteúdo e frequência o leitor concordou, podendo solicitar o término de seu envio a qualquer momento, são usualmente chamadas de informativos, newsletters ou e-mail marketing, configurando uma forma de marketing de permissão. Os termos informativo e newsletter são mais usados quando a mensagem tem algum conteúdo editorial, não sendo uma propaganda pura e simples.

Mas todos esses casos são chamados de *bulk mail*, ou e-mail *em massa*. Essa classificação binária, porém, não é suficiente para se compreender todas as opções que o correio eletrônico oferece às empresas. Existe um espectro de possibilidades intermediárias entre os spams e o e-mail marketing.

Cada organização deve traçar um plano de uso do correio eletrônico adequado a sua realidade. Por exemplo, uma pequena empresa normalmente não precisa se guiar por regras tão rígidas de envio de mensagens, desde que sejam obedecidas as limitações legais, é claro. Em muitos casos pode-se ter uma política flexível, e enviar mensagens a clientes que não as solicitaram explicitamente, mas forneceram endereços eletrônicos durante o relacionamento com a organização. Uma política bem adaptada, sem excesso de conservadorismo, é importante para que a empresa extraia o máximo de benefícios do correio eletrônico.

As empresas que adotam uma política mais flexível em relação a essa questão devem tomar cuidado para não serem mal-interpretadas pelos leitores. Os usuários que se sentem incomodados com as mensagens podem denunciar seu envio para organizações antispam, como a <www.antispam.br>, que gerenciam listas negras de empresas que desrespeitam a privacidade dos usuários de correio eletrônico. Uma vez inserida numa lista, a empresa pode ter dificuldades de enviar mensagens para seus clientes. Muitos provedores utilizam essas listas como filtros de mensagens, bloqueando remetentes.

Mas, afinal, por que o spam é considerado impróprio, se as empresas trabalham com malas diretas não solicitadas há décadas? Porque há uma diferença brutal entre o preço de envio de uma mensagem de correio eletrônico e uma peça de marketing direto tradicional pelo correio. Os custos envolvidos regulam o processo de envio no meio físico. Na internet, se não existisse uma cultura de desaprovação às mensagens comerciais não solicitadas, o sistema de correio eletrônico se tornaria inutilizável, pelo volume de propagandas que receberíamos todos os dias.

Se, do ponto de vista moral, o uso do spam é sempre ruim, pois se está incomodando as pessoas, do ponto de vista financeiro pode ser bom. Se não há preocupação com o desgaste da marca, o spam é uma forma extremamente barata de se comunicar com milhões de possíveis consumidores. Mesmo supondo que o índice de leitura das mensagens seja baixíssimo, o retorno, em custo/benefício, pode ser excelente.

Já o e-mail marketing — o envio de e-mail em massa *autorizado* — é uma ótima opção para as empresas que não desejam arriscar danos a sua marca. Em seus sites, as empresas podem solicitar cadastros de clientes interessados em receber informações pelo correio eletrônico. As mensagens podem ser exclusivamente comerciais ou tratar de assuntos mais abrangentes, para atrair maior interesse. O que caracteriza o e-mail marketing (ou informativos, ou newsletters) é a clareza quanto à frequência e ao conteúdo das mensagens. No momento da assinatura, o leitor sabe com exatidão quantas mensagens receberá por mês, os assuntos que serão tratados, e que poderá pedir o cancelamento da assinatura a qualquer momento. Esse tipo de ação faz parte de uma estratégia de marketing de permissão.

A maioria das newsletters ou informativos, mesmo quando oferecem conteúdo editorial, é gratuita, proporcionando às empresas como benefício um canal de comunicação direto e extremamente econômico com o mercado. Elas podem ser bem utilizadas tanto em estratégias B2C (para consumidores finais) quanto B2B (entre empresas). Em alguns casos bem específicos, as newsletters podem ser tratadas como um serviço pago, mas apenas em situações em que a informação enviada é extremamente valiosa, específica e não comercial.

A eficácia da comunicação por correio eletrônico está intimamente ligada a três fatores: a base de leitores, o conteúdo e a forma da mensagem. Por exemplo, a base de leitores pode ser focada, no caso de as mensagens serem enviadas para clientes cadastrados. Pode também ser extremamente dispersa, como listas de spams comercializadas na internet. O retorno varia bastante, dependendo do caso.

Nem toda mensagem enviada para listas compradas de endereços eletrônicos pode ser considerada um spam. Alguns provedores de e-mail, por exemplo, podem comercializar a lista de usuários que previamente concordaram em receber mensagens promocionais. Nesses casos, as mensagens foram autorizadas. Essa é, porém, uma exceção. A esmagadora maioria das listas adquiridas, ao serem usadas para enviar e-mails, dá origem a um spam. Assim, deve-se tomar alguns cuidados ao enviar as mensagens. Como os leitores saberão que a mensagem não é um spam? Como vão diferenciá-la de inúmeras outras que recebem indevidamente? É fundamental, nesses casos, associar a mensagem ao nome do vendedor da lista, a quem o leitor autorizou originariamente. Assim, torna-se um pouco mais claro que foi enviada de forma autorizada. O risco de uma interpretação diferente é reduzido, mas não eliminado.

Algumas empresas cometem o erro de escrever explicitamente, ao final da mensagem, que não se trata de um spam. Essa é uma política inadequada, que só serve para irritar ainda mais os leitores. Se uma mensagem não é um spam, ou seja, se direta ou indiretamente foi autorizada, o destinatário deve ser capaz de perceber sem a necessidade de um rodapé explicativo. O rodapé com justificativas, em especial os que citam leis inexistentes sobre o envio de mensagens, como se costuma observar, apenas reforça a ideia de que se trata de uma mensagem não autorizada. O rodapé deve ser utilizado apenas para informar ao leitor formas práticas e confiáveis de ser excluído de remessas futuras.

O conteúdo e a forma da mensagem também têm grande impacto em seu retorno. Uma mensagem comercial deve ser escrita de maneira a incentivar a ação do leitor. Deve também ser coerente com o público-alvo, com as outras iniciativas de marketing da empresa e com o assunto proposto originariamente, no caso de informativos. Muitas das técnicas utilizadas em malas diretas tradicionais podem ser aproveitadas, com algumas adaptações, no meio eletrônico.

O horário de envio é uma das questões a serem levadas em conta, ao se enviar uma mensagem de e-mail marketing. Quando se envia a mensagem à noite, para o público corporativo, ela acaba sendo lida na manhã seguinte, juntamente com dezenas de outras mensagens promocionais e spams. As chances de receber atenção são reduzidas. Para esse público, uma mensagem bem no meio da manhã ou da tarde provavelmente surtirá mais efeito. De modo geral, conhecer os hábitos do público e testar diferentes horários de envio, comparando e analisando os resultados, é a melhor forma de aperfeiçoar o uso da ferramenta ao longo do tempo.

Outra questão importante é o assunto (*subject*) da mensagem. Ele é essencial na decisão do usuário de ler ou apagar a mensagem. Para incentivar sua leitura, devemos: informar algo valioso, que instigue o usuário a ler; resumir o que a mensagem tem de mais forte; focar no que importa para o leitor; criar um assunto curto, com no máximo 50 caracteres; evitar palavras que façam a mensagem parecer um spam, como "grátis", "compre" e "ligue agora"; ser específico e não genérico; e escrever o assunto depois de concluir a mensagem, para não correr o risco de ter um assunto desconectado da mensagem.

Uma mensagem pode utilizar apenas texto, ou também agregar elementos gráficos, por meio da linguagem *hyper text markup language* (html). A maior parte das mensagens de e-mail marketing é produzida em html. Porém, criar uma mensagem contendo apenas texto é mais simples, rápido e econômico. A decisão de utilizar ou não mensagens com elementos em html deve se basear na capacidade da organização de produzir boas mensagens gráficas no tempo certo. Pode-se obter um bom retorno, em termos de custo/benefício, com ambos os tipos de mensagens, sendo mais comum a opção por mensagens com imagens.

Para enviar mensagens em quantidade (bulk mail), torna-se necessária uma infraestrutura de hardware e software complexa. Estamos acostumados à simplicidade no envio de mensagens eletrônicas, mas enviá-las em massa exige uma infraestrutura muito diferente da necessária para o envio normal de algumas mensagens. É um grave erro enviar mensagens empregando as mesmas ferramentas com que estamos acostumados no dia a dia, como o Outlook Express ou um webmail. O uso de ferramentas especialmente talhadas para o envio de mensagens em massa permite que se tenha um controle muito maior sobre o envio e os resultados. Entre outros benefícios, as ferramentas nos propiciam: informações sobre a entrega e a leitura das mensagens, automatização das exclusões por pedido dos leitores, personalização das mensagens e verificação se a mensagem se parece com uma típica mensagem de spam, o que reduz o risco de a mensagem ser classificada como lixo eletrônico. Há diversas ferramentas para o envio de e-mails na internet. Duas opções brasileiras são <www.mailsender.com.br> e <www.dinamize.com.br>.

Outra decisão importante na hora de enviar mensagens é a personalização. Bons sistemas de envio em massa de correio eletrônico permitem personalizar as mensagens de acordo com cada destinatário. Hoje, com a terceirização do envio das mensagens, a infraestrutura de software e hardware para a personalização é praticamente a mesma da utilizada para enviar mensagens iguais para todos os destinatários. A decisão de personalizar deve, então, levar em conta os custos de se fazer diferentes modelos de mensagens, comparativamente ao aumento da efetividade das mensagens. Deve-se também considerar que mensagens realmente personalizadas são vistas com mais simpatia pelos leitores. Por essa ótica, sempre que possível, é preferível optar por mensagens personalizadas.

As empresas devem tomar cuidado para não encarar o envio de mensagens automáticas apenas como uma forma de divulgação em massa. Um dos grandes benefícios das mensagens é justamente poder falar com cada leitor individualmente. Mesmo mensagens automáticas podem ser utilizadas para dar um tratamento personalizado a cada cliente. Por exemplo, podem ser usadas para incentivar a propaganda boca a boca, facilitando aos clientes satisfeitos a divulgação dos serviços da empresa para seus amigos. Outra forma de uso são avisos eletrônicos diversos, como o aviso de entrada no estoque de novos produtos do interesse do cliente. Esse tipo de mensagem, gerada e enviada uma a uma, no momento exato, é muito efetivo. Além de satisfazer o cliente, poupa recursos de atendimento.

Domínios: o nome do site

Para ser encontrado na internet, um site deve ter um *domínio*, também chamado no dia a dia de *nome* ou *endereço* do site. É por meio de um domínio que o site é localizado e exibido. A escolha de um bom domínio pode contribuir para o sucesso do site, assim como a má escolha pode atrapalhar, causando inclusive problemas jurídicos. O domínio de um novo site pode ser simplesmente o nome da empresa ou de um de seus produtos, ou uma marca nova, criada especialmente para a internet.

As empresas que decidem criar uma nova marca para a internet devem considerar que um bom nome é algo importante. Segundo Strauss e Frost (2001), é interessante que o nome sugira algo sobre o produto ou o serviço oferecido, diferencie a oferta de seus concorrentes e possa ser protegido legalmente. Além disso, convém que seja curto, fácil de memorizar e pronunciar.

Deve também permitir uma boa tradução para os idiomas das localidades onde se pretende atuar, no caso de haver interesse em aproveitar o alcance mundial que a rede propicia.

Usar a marca da empresa ou a marca de um de seus produtos como nome de domínio pode ajudar o usuário a achar mais rápida e facilmente o site. Um dos problemas do registro de novos nomes é que, como a maioria das palavras existentes em dicionário já está registrada como domínio, o nome que a empresa deseja pode não estar mais disponível. Assim, o que fazer se uma rede de lojas de roupas masculinas chamada Casa Tavares quiser registrar seu nome como domínio, assim como um escritório de advocacia especializado em marcas e patentes, Tavares Propriedade Intelectual, mas uma empresa de implementos rodoviários de nome Tavares já detém o registro de <www.tavares.com.br>?

Uma das alternativas é comprar o registro do atual proprietário; outra é conjugar o nome da empresa a prefixos ou sufixos que o relacionem com a internet, com a desvantagem de poder torná-lo longo (como www.tavares-online.com.br); outra opção é conjugar o nome à sua atividade, como no caso <www.voegol.com.br> em vez de <www.gol.com.br>, que já era usado; mais uma opção ainda, para os negócios brasileiros, é registrar o domínio como internacional (sem o ".br" no final). Por ser um nome brasileiro, existe uma chance maior de ainda não estar registrado internacionalmente, mas há o inconveniente de se confundir usuários que digitem diretamente o nome no navegador e, ao associar a empresa ao Brasil, incluam o ".br" ao final.

Outro problema que ocorre com o registro de domínios é a possibilidade de outros sites usarem nomes parecidos. A boa prática recomenda que, ao se registrar um nome de domínio, requeira-se também outros nomes relacionados, para evitar que caiam em mãos de terceiros. A isso se dá o nome de *cercar* o domínio. Essa preocupação se justifica para se prevenir contra sites que tiram proveito de erros de digitação ou da confusão do usuário para desviá-lo e, assim, tê-lo como visitante. Por exemplo, o Instituto Infnet, além do domínio <www.infnet.edu.br>, também registrou os domínios <www.infinet.com.br> e <www.infnet.com>.

Cercar o nome evita também a ação de detratores que queiram associar críticas ao nome da empresa. Um exemplo disso ocorreu por ocasião da entrada da Telefonica na telefonia fixa de São Paulo, quando o site <www.euodeioatelefonica.com.br> era listado nos diretórios de busca de quem procurava por Telefonica (hoje o site não está mais no ar).

A estrutura de um nome de domínio é a seguinte: no final, há duas letras que indicam o país responsável pelo registro daquele domínio — *br* para o Brasil, *uk* para o Reino Unido, *pt* para Portugal, *cl* para o Chile e assim por diante. Caso um domínio não apresente essas duas letras finais, trata-se de um domínio internacional, isto é, não está associado a nenhum país em particular. Apesar disso, a maior parte dos sites norte-americanos usa domínios internacionais e, não, domínios com a sigla *us*, que existe e é associada (pelo menos tecnicamente) aos Estados Unidos.

Imediatamente antes das duas letras finais que indicam o país de registro, há duas, três (o mais comum) ou quatro letras indicativas da atividade do site. Por exemplo, em <www.infnet.edu.br>, o *edu* indica que o site pertence a uma faculdade ou instituição de pesquisa. Em <www.voetam.com.br> o *com* indica que o site é comercial. Em <www.sp.gov.br>, o *gov* significa que o site pertence a uma instância do governo. Apesar de, em geral, serem usadas três letras, há exceções: em <www.amazon.co.uk> a sigla *co* indica ser um site comercial, assim como em <acertodecontas.blog.br> a sigla *blog*, com quatro letras, é uma sigla válida no Brasil.

Pode-se registrar domínios com a terminação ".br" no site <www.registro.br>. O processo é simples e pode ser feito por pessoas físicas ou jurídicas (de acordo com o tipo de domínio a ser registrado). Para se registrar um domínio é preciso pagar uma pequena taxa (o valor exato pode ser consultado no site, e varia de acordo com o tipo de domínio e o tempo de duração do registro). Além de realizar o procedimento no site <www.registro.br>, é preciso contratar um provedor de hospedagem (onde o site ficará hospedado fisicamente), que fará a configuração necessária para a efetivação do registro (em computadores chamados de servidores de DNS, que fazem a tradução dos nomes de domínios nos endereços de rede).

Há hoje um comércio de domínios no mundo. Sites especializados, como o <www.sedo.com>, comercializam milhões de domínios, alguns por valores bastante altos. No momento em que essas linhas estão sendo escritas, por exemplo, se encontra em leilão o domínio <sol.com>, com uma oferta de € 15.500, e o domínio <90.com>, com uma oferta de cerca de US$ 123 mil. Já o <3d-video.com> foi vendido há poucos dias por US$ 2.488. Os valores variam conforme a demanda pelos domínios, havendo casos de vendas por valores realmente expressivos. O <Sex.com>, por exemplo, foi vendido em 2006 por US$ 14 milhões para a empresa Escom. O <Vodka.com> foi vendido, também em 2006, por US$ 3 milhões para o conglomerado Russian Standard, intermediado pelo site <www.sedo.com>. Pela importância dos domínios na atração do público, nas técnicas de *search engine optimization* (SEO) e nos negócios em geral, eles são cada vez mais valorizados.

Marketing em mídias sociais

Marketing social, ou mais corretamente marketing em mídias sociais (*social media marketing*), são as ações de marketing efetuadas em determinados sites e aplicações da internet, chamados de mídias sociais. No contexto da internet, mídias sociais são sites ou aplicações cujo conteúdo é, em grande parte, produzido por usuários. Orkut, Facebook, MySpace, YouTube, Videolog, Wikipedia, Twitter, Digg e Delicious, também chamados de sites da Web 2.0, são bons exemplos, todos eles possuindo uma grande comunidade de usuários que formam o que muitos chamam de uma *rede social*. Um exemplo de comunidade mais voltada para o trabalho, mas também considerada rede social, é o LinkedIn. Todas essas comunidades, quando trabalhadas corretamente, podem ajudar a divulgar uma organização, a construir uma marca e a difundir novos produtos e serviços. Por outro lado, quando deixadas de lado, podem ser uma fonte de problemas.

Trabalhar as mídias sociais não é nada fácil. Os usuários desses canais em geral não gostam de propaganda disfarçada de conteúdo e são muito sensíveis. Assim, a forma de abordagem deve ser sutil e feita por pessoas que entendam o comportamento particular de cada meio e de cada comunidade. O trabalho de marketing social envolve tanto inserir ferramentas originais das comunidades no seu site (como cadastro no Twitter e artigos no Digg), quanto dar suporte aos aficionados pelos seus produtos e serviços, de forma que possam divulgá-los nas comunidades. Também significa acompanhar o que se passa nas comunidades, realizando ações para minimizar a propaganda negativa e alavancar a positiva.

Outro aspecto do marketing social é a possibilidade de se fazer buzz marketing ou marketing viral. Buzz marketing é uma forma de propaganda boca a boca entre consumidores, gerada por alguma ação de impacto ou por um conjunto de ações cujo propósito é criar curiosidade ou desejo antecipado por um produto. Gerar buzz positivo é, frequentemente, o objetivo de ações de marketing viral e de relações públicas no contexto das mídias sociais. Pode-se aprender bastante e manter-se atualizado no blog sobre mídias sociais, o <www.mashable.com>.

A expressão marketing viral refere-se a um conjunto de técnicas que usa as redes sociais para atingir objetivos de marketing (como vendas de determinado produto) por meio de um processo viral, autorreplicante, análogo à disseminação de um vírus em geral. É uma espécie de propaganda boca a boca reforçada pela facilidade de comunicação da internet.

As ações de marketing viral podem assumir a forma de clipes de vídeo, jogos interativos, e-books, imagens ou mesmo mensagens de texto. O objetivo do criador de uma campanha de marketing viral é desenvolver uma mensagem tão interessante, polêmica, instigante ou edificante que o consumidor se sinta impelido a passá-la adiante, juntamente com uma mensagem de marketing associada. O marketing viral é um tipo de buzz marketing.

O marketing viral é uma ação com potencial para propiciar grande benefício a baixo custo. Mas nenhuma ação de marketing viral é garantida. São apostas, mais ou menos estudadas (podem ser feitos testes durante o seu desenvolvimento), sobre o comportamento dos consumidores. Mas se o consumidor não é motivado pela ação, a campanha não funciona e o investimento é perdido, praticamente em sua totalidade.

Personalização

Muito se fala sobre personalização. Ora ela é apresentada como a quintaessência do e-commerce, ora é criticada de forma muito negativa. É muito importante comentarmos o assunto, para tentar entender as potencialidades e os desafios envolvidos.

Personalizar não é fácil. Personalizar corretamente é muito difícil. Nós, muito comumente, nos lembramos de personalizações errôneas, casos grotescos como, por exemplo, sermos chamados por um nome diferente daquele registrado no cadastro, coisas do tipo "Boa tarde sr. Fulano, se não for o sr. Fulano clique aqui".

É importante ter uma visão muito clara do que é possível fazer em matéria de personalização. Em sites de comércio eletrônico, o tratamento pessoal pode ser concebido e implementado de várias maneiras, e em profundidades muito diferentes. Podemos simplesmente imprimir o nome do cliente no topo da página, ou até tentar modificar totalmente o conteúdo exibido na tentativa de acertar o que mais interessa àquele consumidor.

Em matéria de personalização, poucos fizeram ou tentaram tanto quanto a Amazon.com. E, de fato, nem tudo o que se faz em personalização ajuda o usuário do site. É muito difícil acertar. É preciso escolher um caminho, investir na sua implementação e aos poucos ir descobrindo o que funciona e o que atrapalha ou irrita o usuário.

Talvez só imprimir o nome do usuário nada signifique em matéria de resultados, mas já é um primeiro passo. Por outro lado, considerar a última compra do usuário como a que determina suas preferências pessoais pode ser fatal. Se você compra um CD de Mozart para presentear um amigo, isso não quer dizer que você seja um apreciador de música clássica. Provavelmente, isso não será suficiente para que o site decida lhe oferecer música clássica para o resto da vida. Talvez faça mais sentido observar, mediante várias interações, o que você vem pesquisando e comprando no site. A compra não tem necessariamente peso maior do que as visitas. Muito pelo contrário. Para cada compra, em geral são feitas muito mais visitas ao site, em suas diferentes seções.

Mas se personalizar parece ser tão simples assim, por que todos não personalizam corretamente suas lojas? A massa de dados disforme, constituída pelas visitas dos usuários conhecidos (imaginem dos desconhecidos) em uma loja de grande visitação, é enorme. Mas a computação é abundante e não seria muito complicado processar essa massa de dados, não é? A princípio sim, porém os modelos a serem empregados nessa análise nada têm de triviais. Ao contrário, são supercomplexos. Portanto, as técnicas de entendimento automático das preferências de clientes não são fáceis de implementar. Só são mesmo simples nos casos rotineiros, quando, por exemplo, um cliente conhecido tem sempre o mesmo comportamento na loja: só visita as mesmas páginas, para produtos similares, por muitas vezes. Mas, na grande maioria dos casos, as pessoas não se comportam assim. Elas são guiadas pelo mercado, por tendências, por impulsos imprevisíveis, por demandas externas (presentes, aniversários, festas). Como ser exato nessas situações?

A resposta virá com o tempo, à medida que a tecnologia e os modelos matemáticos empregados forem sendo desenvolvidos. É necessário conhecer cada vez mais os clientes que nos visitam, colhendo dados a partir de suas visitas. Com tais dados, é necessário um trabalho minucioso e cada vez mais detalhado de entendimento, que resulte em sugestões mais e mais precisas.

Em muitos casos, notamos que os sites nos sugerem a compra casada de produtos que foram comprados por terceiros, quando estes também compraram o produto que estamos levando. A simples sugestão também não é uma boa prática em certos casos. Essa técnica, também conhecida por filtros colaborativos, precisa considerar mais informações que a simples compra por parte de terceiros. É necessário considerar seus perfis, o momento, as categorias, o tempo. Porém, essas avaliações são custosas e não podem ser feitas sem um software especializado.

Por fim, concluímos que, na personalização ou na sugestão de produtos de forma personalizada, quanto mais profundas e assertivas forem as sugestões, mais custosas serão, demandando técnicas especializadas que precisam ser conduzidas por pessoas experientes no assunto. E essas ações só fazem sentido em sites que têm escala, grande quantidade de visitantes e boa verba para investimento. Não são adequadas para sites pequenos ou de nicho. Nesses casos, ainda é possível fazer algum tipo de personalização com base em regras de negócio.

Regras de negócio são regras estáticas, que podem ser inseridas em um site para diferenciar sua aparência conforme o desejo de quem planeja as vendas. Por exemplo, uma regra simples é: se o cliente que acessa o site for do sexo masculino ou desconhecido, exibir produtos de esportes; se for do sexo feminino, exibir produtos da área de perfumaria. A implementação de regras de negócio é menos complexa que a personalização e mais adequada a sites de menor audiência e menor variedade de produtos, mas, ainda assim, os resultados devem ser avaliados e a implementação ser feita de forma criteriosa e acompanhada.

Pesquisas online

A internet é extremamente útil para se obter dados e informações, seja no ambiente interno ou externo, seja por meio de pesquisas primárias ou secundárias. A facilidade de se perguntar diretamente aos consumidores, de se consultar bases de dados diversas, ou de se usar o poder de processamento de dados e comunicação dos computadores aumenta em muito o poder do gestor de tomar decisões com base em informações sólidas. Hoje, as pesquisas online são de feitura simples e rápida, além de muito valiosas.

Microambiente interno

A existência de uma rede interna facilita a integração de informações como registros de atendimentos ao consumidor, históricos de vendas, capacidades de produção, relatórios financeiros etc. ao sistema digital de informações de marketing, independentemente da localização geográfica das bases onde estão armazenadas essas informações.

Um número cada vez maior de empresas vem utilizando as possibilidades tecnológicas da internet para disponibilizar o acompanhamento dos processos logísticos e o monitoramento das remessas ao longo do canal de distribuição. Essa informação pode ajudar os gerentes de marketing a melhorar as atividades envolvidas, desde o pedido do cliente, passando por seu atendimento, até a finalização do recebimento do pagamento (ciclo pedido-pagamento), onde quer que esses processos ocorram. No ambiente eletrônico, isso é particularmente importante, pois os clientes esperam respostas rápidas em suas compras online. Além disso, a habilidade de produzir conforme a demanda dos consumidores naqueles mercados onde a pronta entrega não é exigida permite manter os custos de estoque mais baixos e, ao mesmo tempo, atender ao pedido do cliente dentro do prazo.

Dados secundários pela internet

Se as informações existentes nos registros e nas bases de dados internas da empresa não bastam para o desenvolvimento ou a administração do plano de marketing, é normal que os profissionais de marketing procurem primeiro por dados secundários, antes de recorrer a pesquisas primárias.

Enquanto os dados primários são aqueles que obtemos com nossas próprias pesquisas, em primeira mão, dados secundários são os já obtidos por terceiros. A vantagem de utilizar dados secundários é que sua obtenção é mais rápida e mais barata do que a dos dados primários, o que abordaremos adiante. Por outro lado, os dados secundários quase nunca respondem especificamente às necessidades de informação do negócio, muitas vezes também podem ser acessados por nossos concorrentes e ainda nem todos são atuais e relativos ao exato momento em que se vive.

A internet pode levar essas vantagens ao extremo, pois o acesso a dados secundários sobre tendências e fatores ambientais é reconhecidamente um de seus maiores benefícios para o processo de planejamento de marketing. Primeiro, pela infinidade de informações disponíveis, muitas delas gratuitas, a quem se dedicar a explorá-las adequadamente. Além disso, mesmo no caso daquelas fontes secundárias que são tradicionais fornecedoras de informações pagas, como a Nielsen e o Ibope, entre outras, a internet ainda apresenta como aspectos positivos a velocidade de obtenção dos dados e o menor custo. É normalmente mais rápido e mais barato acessar a internet do que pedir informações impressas ou em mídia eletrônica, por correio ou fax.

As informações obtidas na internet têm ainda a vantagem adicional de serem, em geral, mais atuais do que as impressas, pois podem ser atualizadas com frequência maior, sem que isso implique necessariamente maiores custos. Podem também, muitas vezes, vir em um formato que seja aproveitado de maneira direta para manipulação ou introdução em bases de dados; por exemplo, em arquivos de planilhas eletrônicas ou em tabelas de editores de texto. Por fim, a internet facilita o acesso a informações secundárias de mercados geograficamente distantes, o que poderia implicar mais esforço e custo maior de obtenção. Como você já deve ter percebido, para as empresas exportadoras, a internet representou um avanço nesse sentido.

Existem alguns exemplos mais comuns de utilização da internet como fonte de dados secundários: temos dados gerados publicamente, como aqueles disponíveis em sites de agências governamentais — <www.ibge.gov.br>, <www.inpi.gov.br> —, ou de universidades ou organizações globais sem fins lucrativos — <www.wto.org>, site da OMC, e <www.imf.org>, site do FMI —, e dados gerados particularmente, como nos sites de empresas, de veículos de mídia e de empresas de pesquisa.

Em que, em geral, são empregados os dados obtidos em sites privados? Nos sites de empresas é possível acompanhar movimentos da concorrência, por exemplo, ao se monitorar suas seções de *press releases* (notícias para a imprensa), avisos sobre lançamento de novos produtos e serviços, anúncios de alianças estratégicas, e estratégias e campanhas de comunicação e propaganda. Montadoras que concorrem com a Toyota, por exemplo, poderiam ter acompanhado em <www.toyota.com>, antes de as primeiras notícias saírem na mídia brasileira, o lançamento do novo Corolla, incluindo sua bem-sucedida campanha de propaganda. Existem diversos sites de veículos de mídia que oferecem gratuitamente, por meio de assinatura ou de pagamento por utilização, acesso na internet a seus artigos, pesquisas e bancos de dados.

Um exemplo brasileiro é o site <www.abril.com.br>, que oferece acesso a diversas informações gratuitas ou por assinatura do serviço do site, ou apenas para assinantes das revistas impressas. Nos sites de empresas de pesquisa também é possível obter informações relevantes. Normalmente, as mais atuais são cobradas e as que são consideradas ultrapassadas são oferecidas gratuitamente. Outras vezes, são oferecidos resumos gratuitos das pesquisas mais recentes, como demonstração para avaliação. Aqui no Brasil encontramos os três tipos de informações no site do Ibope, por exemplo. Existem também empresas que oferecem consulta direta a seus bancos de dados como fonte de receita, como, por exemplo, o site <www.serasa.com.br>, no qual é possível obter dados cadastrais e de crédito de diversas empresas e pessoas físicas, sob pagamento de assinatura. Outras empresas ainda oferecem acesso a bancos de dados como instrumento para a venda de outro serviço, como é o caso da pesquisa de disponibilidade de voos para determinados destinos e seus preços nos sites das companhias aéreas, como o <www.buscapeviagens.com.br>.

Ao ler todos esses exemplos, você provavelmente se viu fazendo a pesquisa manualmente na internet, não? De fato, é assim que ocorre na maioria das empresas. Mas saiba que é possível pesquisar dados ambientais de forma automatizada. Programas de inteligência competitiva são capazes de monitorar sites previamente definidos em busca de novas informações, de acordo com palavras-chave, assuntos ou seções. Os dados assim obtidos podem ser armazenados diretamente em repositórios para consulta futura — *data warehouses* — ou disponibilizados em arquivos para posterior tratamento e inclusão nas bases de dados de marketing.

Porém, obter informações secundárias por meio da internet apresenta alguns desafios, como lidar com um excesso de informações disponíveis e, acima de tudo, garantir a confiabilidade dos dados assim obtidos. É preciso reconhecer que qualquer um pode colocar dados e informações na internet sem maiores dificuldades ou custos, o que significa que não existe necessariamente a revisão dos dados, nem alguém responsável pelo monitoramento das informações disponibilizadas, ao contrário do que ocorre com as fontes tradicionais. Além disso, pode haver diferenças culturais e de técnicas de coleta que introduzam desvios nos resultados obtidos e inviabilizem sua aplicação direta em uma realidade diversa. Por exemplo, uma empresa está interessada no mercado de condutores de automóveis e, na falta de informações brasileiras sobre o tamanho e as tendências desse público, resolve fazer uma aproximação por comparação com o mercado norte-americano. No Brasil, a carteira nacional de habilitação só é fornecida a partir dos 18 anos, enquanto nos Estados Unidos isso se dá a partir dos 16. É necessário considerar aspectos como esse, pois podem dificultar tentativas de proporcionalidade direta entre os mercados.

Por esses motivos, Strauss e Frost (2001) sugerem algumas diretrizes para avaliar a qualidade dos dados secundários online.

Deve-se: identificar o propósito do site e se existe alguma distorção ou interesse comercial; descobrir o autor do site e tentar identificar se ele é uma autoridade no assunto; verificar quando foi feita a última atualização do site; considerar o nível de objetividade do site e determinar sua abrangência; tentar validar os dados com informações similares de outras fontes, pelo menos na primeira vez em que se estiver utilizando um site como fonte; verificar a precisão do conteúdo do site, já que, às vezes, basta somar alguns dos números fornecidos para perceber se houve ou não revisão; não acreditar no primeiro "bom" site cheio de links que aparecer, nem ser seduzido por páginas elegantes. A aparência pode não ser uma boa indicadora de confiabilidade.

Por último, não custa lembrar que uma ocorrência frequente e indesejável na utilização da internet como fonte de dados secundários é a perda de foco. Dado o grande volume de informações disponíveis, não necessariamente relevantes ao problema, mas interessantes de forma geral, é fácil se perder durante a pesquisa. Isso causa a sensação de perda de tempo e de falta de eficiência do processo. É importante ter em mente que frequentemente não é útil acessar e copiar grandes volumes de dados para decidir posteriormente o que fazer com eles, ou para descobrir como (e se) poderão ser úteis na solução de uma dada questão, apenas porque a informação é gratuita. Normalmente, o custo de profissionais para executar a análise e a interpretação de tais dados acaba se tornando mais elevado do que comprar a informação mais direcionada. Por outro lado, não se deve ter o preconceito de pensar que a informação não será útil só porque é gratuita ou muito barata. Na internet, o valor da informação não está necessariamente atrelado a seu custo.

Pesquisas primárias e surveys

No planejamento de uma pesquisa primária, a internet surge como alternativa de método de contato, após a escolha da abordagem de pesquisa. A internet é especialmente útil nos levantamentos (*surveys*).

Os levantamentos podem ser feitos disponibilizando-se formulários em sites. O e-mail é utilizado apenas para convidar o respondente a ir até o site. Normalmente, uma empresa pode obter endereços de e-mail a partir de seus cadastros internos, de listas de discussão, dos registros em seu site, ou comprar uma lista de fornecedor (eticamente, com permissão do usuário para tal), selecionando um grupamento específico de indivíduos. Após enviar o questionário, o pesquisador pode controlar quem o recebeu e, de maneira fácil e barata, mandar lembretes para aqueles respondentes que ainda não o retornaram. Como em todas as metodologias, as taxas de respostas dependem parcialmente do interesse da amostra no assunto pesquisado. As melhores taxas de respostas vêm de membros de listas de e-mail que assinalaram previamente seu interesse sobre o assunto pesquisado, ou de contatos com vínculos fortes com a organização (clientes frequentes, alunos, colaboradores).

Os especialistas costumam apontar as seguintes principais vantagens da pesquisa por levantamento na internet: ser rápida e barata; a possibilidade de se atingir um grande número de usuários em todo o mundo, até pequenos nichos específicos; a maior incidência de respostas honestas para assuntos delicados, devido à falta de contato pessoal e ao anonimato; a entrada das respostas ser feita diretamente em meio digital, o que evita a digitação de terceiros, reduzindo erros e custos; e a fácil tabulação de dados eletrônicos. Mas há desvantagens: a impossibilidade de generalização das respostas; a incerteza quanto à autenticidade do respondente; a incidência de respostas desonestas e de brincadeiras; e a possibilidade de duplicidade na submissão do questionário, seja por erro do respondente, que o envia mais de uma vez, ou pela intenção de que sua opinião tenha um peso maior.

Em todos esses casos, contudo, uma boa solução de software de levantamento pode minimizar ou eliminar o problema.

Um último assunto a se discutir nos levantamentos online diz respeito às questões éticas envolvidas nesse tipo de abordagem. Os usuários estão cada vez mais irritados com o recebimento de e-mails não desejados, solicitando sua participação em pesquisas. Os spams tornaram-se o equivalente eletrônico da face desagradável do telemarketing ativo. Alguns pesquisadores obtêm endereços de listas de discussão sem permissão, o que gera desconforto, pois os consumidores não gostam de se sentir usados pelos profissionais de marketing. Algumas empresas conduzem levantamentos com o propósito de construir um banco de dados para contatos posteriores de venda. A privacidade dos dados dos usuários é uma questão muito séria na internet. Mantê-la é fator central de sucesso para as empresas.

Diversos sites oferecem ferramentas que facilitam muito a realização de levantamentos. Como exemplos temos: <www.questmanager.com>, <www.surveymonkey.com> e <www.questionpro.com>. Também há sites com um enfoque mais empresarial, como o <www.otfgroup.com>, que oferece uma ferramenta exclusivamente voltada para levantamentos corporativos. Esses sites ajudam nos levantamentos quando já se dispõe de uma lista de destinatários conhecida. Quando se deseja conduzir uma pesquisa online, mas não se tem uma lista de destinatários já definida, pode-se usar os serviços de alguma empresa especializada, como a <www.qualibest.com.br>.

De posse das informações requeridas, é possível analisar oportunidades de mercado, desenvolver estratégias mercadológicas, planejar programas de marketing e administrar o seu esforço.

Até aqui, este livro se concentrou nos aspectos estratégicos e gerenciais do uso da internet, na discussão das ameaças e oportunidades, em casos e usos no Brasil e, neste capítulo, em todo o seu uso como ferramenta indispensável de marketing.

No próximo capítulo, apresentaremos uma visão do comércio eletrônico no Brasil, o que permitirá o aprofundamento em algumas das questões estratégicas levantadas ao longo do texto, especialmente no primeiro capítulo, assim como a observação da utilização da internet nos mais diferentes setores da atividade econômica brasileira. É recomendável que você o leia acompanhando os exemplos na internet e observando como se apresentam as questões de tecnologia apontadas no segundo capítulo e os aspectos de marketing tratados neste capítulo.

4

E-commerce no Brasil

Neste capítulo abordaremos questões relativas às operações de comércio eletrônico no Brasil. Você terá a oportunidade de conhecer algumas tendências do comércio eletrônico brasileiro, de saber mais sobre sua situação atual e sobre o varejo online em diferentes setores, e ainda será apresentado a alguns minicasos. É importante notar que nem todos os exemplos e características apresentados sobreviverão ao tempo e ao fato de este ser um livro impresso. Mas a reflexão e a análise crítica sempre são relevantes para nos ajudar a projetar o futuro. A análise tem início com uma visão do comércio eletrônico B2B para, em seguida, se concentrar no varejo online.

Uma breve visão do e-commerce B2B no Brasil

Este livro trata mais enfaticamente do comércio eletrônico a partir do ponto de vista do varejo. Entretanto, como se discutiu no capítulo 1, o impacto da internet nos negócios entre empresas também é extremamente importante. Nesta seção, tecemos alguns comentários sobre o caso brasileiro, buscando principalmente identificar as tendências mais recentes do uso do comércio eletrônico nos diferentes processos de negócios das empresas.

A Fundação Getulio Vargas, através de seu Centro de Informática Aplicada, vinculado à Escola de Administração de Empresas de São Paulo, tem realizado recorrentemente a pesquisa "Negócios na era digital e comércio eletrônico" <http://eaesp.fgvsp.br/ensinoeconhecimento/centros/cia/ned>. Tal pesquisa é uma excelente fonte de informações para um entendimento adequado do uso do comércio eletrônico por parte das empresas e pode ser consultada gratuitamente pelos interessados.

Em 2010, o valor transacionado nas operações de comércio eletrônico B2B representava 63% do mercado total, enquanto o comércio eletrônico representava 29% dos negócios totais de varejo. Mas, além do uso do comércio eletrônico em transações comerciais, a pesquisa também investigou seu impacto em diversos processos de negócios, chegando a outras constatações, que abordamos a seguir.

A totalidade das empresas pesquisadas se utilizava das ferramentas de site na web e e-mail em suas atividades comerciais. Tais ferramentas, acessíveis a empresas de todos os portes, atualmente são empregadas nos mais diferentes processos empresariais, mas, em especial, no atendimento de clientes — englobando marketing, vendas e pós-venda — e nos processos da cadeia de suprimentos — englobando a gestão de aquisições, logística e operações. Entre as empresas pesquisadas, quase todas utilizavam o comércio eletrônico no atendimento de clientes, enquanto apenas cerca de 70% o faziam na cadeia de suprimentos.

No caso das empresas de maior porte, a utilização do comércio eletrônico em seus diferentes processos tem sido extremamente relevante, fazendo por vezes uma grande diferença. A Petrobras, por exemplo, passou a transacionar eletronicamente mais de 90% do seu faturamento, tornando toda a indústria mais eficiente. A Companhia Siderúrgica Nacional (CSN), ao implantar um portal de e-business, conseguiu reduzir seu ciclo de compras, aumentou a eficiência nas negociações com seus fornecedores e pôde reduzir a menos da metade o número de empregados ligados a compras, economizando tanto no custo operacional quanto no custo das mercadorias adquiridas. Já a Termolar, produtora de garrafas térmicas, passou a usar ferramentas eletrônicas para controlar o estoque de seus produtos nos vários centros de distribuição de uma grande cadeia varejista, conseguindo benefícios como: redução dos estoques necessários, o que liberou o capital de giro do varejista; e conhecimento em tempo real sobre a demanda de seus diferentes produtos, o que lhe permitiu conhecer rapidamente a resposta de clientes a novos lançamentos.[5]

No âmbito do setor público, as tecnologias do comércio eletrônico também têm desempenhado papel extremamente importante nos níveis municipal, estadual e federal. Em todos esses níveis de governo, as ferramentas de e-procurement têm sido utilizadas para realizar aquisições, tornando os processos mais transparentes e mais baratos e obtendo resultados melhores do ponto de vista da negociação. O maior exemplo é o Comprasnet <www.comprasnet.gov.br>, que congrega aquisições do governo federal e suas autarquias. A economia do governo federal com a utilização do pregão eletrônico em 2009 foi de R$ 5,5 bilhões, respondendo o comércio eletrônico por 86% dos processos de compra e 55% do volume financeiro contratado pelo governo.[6] Ainda no âmbito governamental, também não se pode esquecer da utilização de tecnologias de e-business no relacionamento

---

[5] Lowenthal (2005) publicou um livro inteiramente dedicado a casos brasileiros de comércio eletrônico, com detalhes acerca de vários destes e de outros casos.
[6] Essas estatísticas foram apresentadas no caderno *Destaques*, edição março/abril de 2010, publicado no site da Secretaria de Comunicação da Presidência da República <http://wikicoi.planalto.gov.br/coi/Caderno_Destaques/Destaque_marco10.pdf>.

do governo com cidadãos e empresas, tecnologias a que recorre em diversas situações regulatórias.

No caso das empresas de menor porte, embora os grandes projetos, mais intensivos em investimentos tecnológicos, por seu preço lhes sejam inacessíveis, ainda assim o comércio eletrônico tem tido um impacto crescente. Os serviços financeiros online utilizados por parte dessas empresas, ainda que não totalmente integrados aos seus sistemas internos, têm amplo alcance e são acessíveis até mesmo a microempresas. Pesquisas e relacionamento com clientes, fornecedores e parceiros utilizando e-mail e ferramentas web mais simples, como extranets, também são largamente empregados, possibilitando economia, benefícios intangíveis e acesso a novas oportunidades, mesmo não havendo uma grande automação e integração entre sistemas, uma característica dos projetos mais caros e típicos de empresas maiores.

A partir da próxima seção, voltaremos nossa atenção para o varejo online brasileiro, que é dominado por alguns grandes *players*, embora mais recentemente esteja ocorrendo uma maior descentralização.

Tendências e situação atual do varejo online no Brasil

Em dezembro de 2009, a publicação *The world in 2010* <www.theworldin.com>, da tradicional revista britânica *The Economist*, apontava o crescimento do comércio eletrônico como uma de suas previsões para a economia mundial em 2010. Nos EUA, país em que o comércio eletrônico de varejo tem alta maturidade, representando cerca de 5% do total de vendas do varejo em 2009, a previsão de crescimento era de 5,5% para 2010 e de 11% para 2011, prevendo-se ainda que, em 2012, o comércio eletrônico chegaria a representar 8% de todo o varejo.

No Brasil, país onde o comércio eletrônico teve início alguns anos depois dos EUA, as taxas de crescimento são ainda mais altas, mas o percentual do varejo total movimentado online é menor. No entanto, traços de maturidade já estão aparecendo, como, por exemplo, a comercialização de uma grande diversidade de produtos e serviços na web, uma maior fragmentação do mercado e a maior diversidade do público comprador, que vem se tornando menos elitizado.

A pesquisa Webshoppers <www.webshoppers.com.br>, organizada pela e-bit, empresa adquirida pelo Buscapé, é a principal fonte de informações sobre o varejo online brasileiro. Apesar de ter o envolvimento direto de empresas interessadas em seus resultados e de não envolver a venda de veículos, passagens aéreas e outros tipos de serviços, como os bancários, a pesquisa tem sido realizada consistentemente desde 2000, sendo feita com critério e seriedade e oferecendo um bom panorama do comércio eletrônico no país. A pesquisa, de acompanhamento obrigatório para os interessados no comércio eletrônico de varejo, pode ser acessada gratuitamente no site indicado e é atualizada trimestralmente. A seguir, destacaremos algumas das principais tendências mais recentes reveladas pela pesquisa.

Apesar da crise econômica e financeira iniciada em 2008, que levou a economia brasileira a uma estagnação e a economia mundial a uma recessão em 2009, a medição da Webshoppers apontou um crescimento de cerca de 27% no varejo online brasileiro, em comparação com o ano de 2008. As últimas pesquisas revelam uma redução da velocidade de crescimento do volume de vendas, o que é um reflexo do amadurecimento do mercado brasileiro, que já totalizava, em 2008, um movimento de R$ 8,2 bilhões e passava dos R$ 10 bilhões em 2009. O número estimado de consumidores online brasileiros, em 2009, atingia a marca de 17 milhões de pessoas e o número de pedidos anuais, sempre excluindo-se passagens aéreas, veículos e leilões virtuais, era de cerca de 30 milhões.

Uma característica do varejo tradicional que se repete no varejo online em todo o mundo é a maior força do quarto trimestre, em função do Natal. No Brasil, somente no Natal de 2009 foram realizados 3,3 milhões de pedidos pela internet, com um crescimento de 26% em relação ao mesmo período de 2008, para um volume de negócios de R$ 1,6 bilhão, 28% maior que o de 2008. No Natal de 2010, os resultados prévios da e-bit indicam que houve um crescimento ainda maior, de 38% em relação ao mesmo período de 2009, chegando-se a R$ 2,2 bilhões.

Apesar do crescimento, é digno de nota que a e-bit, em reportagem do jornal *Valor Econômico*,[7] tenha divulgado que 20% das compras online feitas entre os dias 18 e 24 de dezembro de 2009 ainda não haviam sido entregues até o dia 30, o que levou o diretor de e-commerce do Walmart <www.walmart.com.br> a declarar que os sites haviam se preparado para o Natal, mas as transportadoras não. A mesma reportagem também divulgou que o número de reclamações registradas por consumidores online no site Reclame Aqui <www.reclameaqui.com.br>, um portal dirigido à defesa dos direitos dos consumidores, havia dobrado do Natal de 2008 para o de 2009. Esses dados mostram que, apesar do maior amadurecimento do comércio eletrônico e dos bons índices de satisfação dos consumidores com o e-commerce — da ordem de 85%, segundo a Webshoppers —, ainda há espaço para melhoria.

Nas últimas pesquisas da Webshoppers, pode-se observar também uma tendência de maior fragmentação dos tipos de produtos comercializados, assim como de descentralização das lojas virtuais. Por um lado, a maior cultura em comércio eletrônico, aliada à maior disseminação dos computadores e do acesso à internet, está fazendo com que, progressivamente, os hábitos de compra online se estendam além das categorias iniciais — livros, música, filmes e *games* —, para alcançar uma variedade cada vez maior de produtos, incluindo eletrônicos, cosméticos, alimentos,

---

[7] Reportagem "Natal online cresce, mas voltam as reclamações", 30 dez. 2009. p. B2.

vestuário, entre outros. Por outro, a entrada de cada vez mais varejistas na competição online tem feito com que a participação de mercado das maiores empresas, em termos percentuais, esteja declinando, ainda que ligeiramente.

Por fim, especialmente a partir dos resultados mais recentes da Webshoppers, é de se destacar o fato de as classes C e D estarem finalmente comprando em quantidades significativas. Em junho de 2001, as pessoas com renda familiar de até R$ 3 mil representavam 38% dos consumidores na web, passando este número para 46% no primeiro semestre de 2008. Em termos de escolaridade, a elitização decrescente do público também aparece: em junho de 2001, 13% dos usuários tinham apenas até o segundo grau de escolaridade; em 2008, esse percentual chegou a 21%.

A seguir, trataremos dos progressos do varejo online em vários segmentos verticais no Brasil.

Varejo online em segmentos verticais no Brasil

Como vimos na seção anterior, o varejo online brasileiro vem crescendo nos últimos anos, criando oportunidades nos mais diferentes setores. Há desafios comuns, como o de ganhar mais confiança dos consumidores, o de conseguir entregar pontualmente os itens vendidos, ou ainda o de garantir a segurança nas transações financeiras. Mas os desafios estratégicos e as oportunidades variam de setor para setor, fato que examinaremos a seguir, apresentando também exemplos de varejistas online brasileiros nas mais diferentes áreas.

Livros, músicas, filmes, games

Esse segmento oferece tanto a venda direta de produtos tangíveis quanto intangíveis, por meio de downloads. Além disso, também há a prestação de serviços de locação. Os produtos oferecidos — livros, DVDs, CDs, músicas isoladas, jogos eletrônicos — são, em geral, de baixo preço, caracterizando-se como um segmento com *ticket* médio baixo.[8] A logística é simples, podendo-se utilizar os serviços tradicionais dos correios. Este foi o segmento em que se iniciou o comércio eletrônico, e em 2010 ainda era o maior segmento no varejo brasileiro, segundo a pesquisa Webshoppers.

A estrutura industrial desse segmento sofreu vários impactos causados pela internet, entre os quais se destacam:

❏ globalização da concorrência, devido à logística simples e barata e às baixas taxas e tributos de importação e exportação;
❏ alta fragmentação dos fornecedores, o que inibe a desintermediação;
❏ crescente e praticamente irreversível subtituição de produtos por suas versões puramente digitais, por meio de downloads;
❏ alta fragmentação dos canais tradicionais, facilitando a entrada de novos concorrentes;
❏ concentração dos canais de e-commerce, favorecida pela maioria dos fatores anteriores, apesar das barreiras à entrada mais baixas para o comércio eletrônico.

Este segmento — um dos mais favoráveis ao e-commerce — permitiu o surgimento de *players* puramente online (que só atuam no comércio eletrônico) em todo o mundo, como a Amazon.com <www.amazon.com> e o Submarino <www.submarino.com.br>, este no Brasil.

---

[8] *Ticket* médio é o valor médio gasto pelos clientes em cada transação efetuada. Em outros setores, como o de eletrônicos, como o preço dos produtos é mais alto, o valor médio gasto pelos clientes em suas compras é bem maior.

Alguns exemplos de sites em língua portuguesa:

- Lojas especializadas — <www.saraiva.com.br>, <www.livrariacultura.com.br>, <www.livraria melhoramentos.com.br>, <www.travessa.com.br>, <www.fnac.com.br>, <www.gamestown. com.br>.
- Lojas especializadas de conteúdo digitalizado — <megastore.uol.com.br> (*player* online puro), <www.imusica.com.br> (*player* online puro), <music.nokia.com.br> (*player* online puro), <www.livrariasaraiva.com.br/download-filme-digital>, iTunes Store Brasil (ainda não lançada, *player* online puro).
- Locadores — <www.blockbusteronline.com.br>, <www.netmovies.com.br> (*player* online puro), <www.clickmovies.com.br> (*player* online puro).

Eletroeletrônicos

Trata da venda de produtos tipicamente com *ticket* médio alto e uma logística de média complexidade. Para parte dos produtos, podem ser utilizados serviços de encomenda, como o Sedex, que tem limite de peso de 30 kg, mas para muitos são necessários serviços especializados de entrega. Em termos de volume financeiro, este era o segundo maior setor brasileiro em 2010.

Pode-se destacar os seguintes impactos na estrutura industrial:

- regionalização e nacionalização da concorrência, sendo a globalização mais difícil pelo valor do frete e pelas taxas e tributos de importação e exportação;
- concentração dos fornecedores, o que favorece a desintermediação (ver alguns dos exemplos a seguir);
- concentração dos canais tradicionais em grandes redes varejistas, o que dificulta a entrada de novos concorrentes e

também a desintermediação. Em 2009, grandes fabricantes como HP, Positivo, Semp-Toshiba, Philips não tinham lojas virtuais próprias;
- apesar das barreiras à entrada mais baixas, a maioria dos fatores anteriores favorece a concentração dos canais de e-commerce;
- segmento favorável a empresas já estabelecidas e com atuação tanto em lojas físicas quanto online.

Alguns exemplos de sites em língua portuguesa:

- Lojas especializadas — <www.fastshop.com.br>, <www.fnac.com.br>, <www.ricardoeletro.com.br>, <www.colombo.com.br>, <www.saraiva.com.br>, <www.kalunga.com.br>, <www.gimba.com.br>.
- Fabricantes — <www.dell.com.br>, <www.sonystyle.com.br>, <www.panasonic.com.br/eshopping>, <nokia.submarino.com.br>, <lojamotorola.submarino.com.br>, <www.brastemp.com.br>, <www.consul.com.br>.

Saúde e beleza

Este segmento reúne uma gama de produtos que abrange tanto cosméticos e produtos relacionados à estética quanto remédios. O *ticket* médio é baixo e a logística simples, sendo geralmente adequados os serviços tradicionais de correios. Em 2009, este era o terceiro maior segmento em volume no varejo online brasileiro. Os principais impactos da internet na estrutura industrial do setor são:

- globalização da concorrência, devido à logística simples e barata, especialmente das marcas globais de saúde e beleza (mas deve-se atentar para as restrições regulatórias de alguns subsegmentos de saúde);

- concentração dos fornecedores, o que favorece a desintermediação (ver exemplos mais adiante);
- concentração dos canais tradicionais, o que dificulta a entrada de novos concorrentes e também a desintermediação (em 2009, os grandes grupos multimarca, como Unilever, Colgate-Palmolive, Hypermarcas, Procter & Gamble, L'Oreal, Johnson & Johnson, Roche, Pfizer, Novartis, Glaxo SmithKline, Lilly, não tinham lojas virtuais próprias);
- concentração dos canais de e-commerce, favorecida pela maioria dos fatores anteriores, apesar das barreiras à entrada mais baixas para o comércio eletrônico;
- especialmente no caso dos varejistas já instalados, com logística montada e com bom funcionamento, é um segmento favorável ao comércio eletrônico, desde que seja enfrentado o desafio representado por acordos regionais de distribuição e licenciamento preexistentes.

Exemplos de sites em língua portuguesa:

- Drogarias e lojas especializadas — <www.araujo.com.br> (grande rede de Minas Gerais), <www.panvel.com.br> (grande rede da região sul), <www.drogaraia.com.br> (grande rede de São Paulo), <www.onofre.com.br> (grande rede de São Paulo), <www.drogasmil.com.br> (grande rede do Rio de Janeiro), <www.vitanet.com.br>, <www.corpoperfeito.com.br> (*player* online puro), <www.sacks.com.br> (*player* online puro), <www.mesbla.com.br> (*player* online puro).
- Fabricantes — <naturabrasil.submarino.com.br>, <store.avon.com.br>, <www.boticario.com.br/lojavirtual>.

Moda e vestuário

Este segmento engloba a venda de produtos de vestuário, o que abrange não só roupas tradicionais, mas também artigos esportivos, que têm grande peso por sua maior padronização. A logística é simples e os serviços tradicionais de correios, inclusive com abrangência global, podem ser utilizados, sempre com fretes de baixo valor. No Brasil, o setor não estava entre os cinco maiores segmentos em volume, de acordo com a pesquisa da e-bit de 2009, porém tem grande potencial. Nos EUA, é o segundo setor em volume e, no Brasil, tem apresentado taxas de crescimento bem acima da média dos demais segmentos.

São os seguintes os impactos na estrutura industrial:

- globalização da concorrência, devido à logística simples e barata, especialmente das marcas globais de moda;
- alta fragmentação dos fornecedores, o que inibe a desintermediação;
- alta fragmentação dos canais tradicionais, o que facilita a entrada de novos concorrentes;
- concentração dos canais de e-commerce, favorecida pela maioria dos fatores anteriores, apesar das barreiras à entrada mais baixas para o comércio eletrônico.

Alguns dos principais desafios para o e-commerce neste segmento incluem: dificuldades com acordos regionais de distribuição e licenciamento preexistentes, que dificultam a desintermediação; dificuldade de padronização de tamanhos para certos tipos de roupas; custos elevados, especialmente para os pequenos varejistas na renovação da divulgação sazonal das coleções oferecidas.

Exemplos de sites de comércio eletrônico no setor:

- Lojas especializadas — <www.marisa.com.br>, <www.mmartan.com.br>, <www.glamour.com.br>, (*player* online puro), (*player* online puro) <www.centauro.com.br>, <www.netshoes.com.br> (*player* online puro), <www.procorrer.com.

br>, <www.richards.com.br>, <www.osklen.com.br>, <www.ebolsas.com.br>.
- ❑ Fornecedor — <www.heringwebstore.com.br>.
- ❑ Fornecedores nos EUA (não entregam produtos no Brasil) — <store.nike.com>, <www.shopadidas.com>, <www.reebok.com/shop>, <www.calvinklein.com>, <www.ysl.com>, <us.levi.com>, <www.gap.com>, <www.ralphloren.com>.

Comércio varejista em geral

Há um conjunto de empreendimentos online que, mais abrangentes, tratam da comercialização de variados tipos de bens e serviços. Entre eles estão casos de varejistas, como o Submarino <www.submarino.com.br>, e também situações mais específicas da internet, como a dos agregadores e sites de leilão. Agregadores são sites que reúnem ofertas de terceiros, como o Buscapé <www.buscape.com.br>, voltado para a comparação de preços, ou o UOL Shopping <shopping.uol.com.br>, um canal de divulgação de vários varejistas. Os sites de compras coletivas, como o Peixe Urbano <www.peixeurbano.com.br>, também podem ser qualificados como agregadores, pois estão dedicados a oferecer promoções diárias para um conjunto suficientemente grande de consumidores. Os sites de leilão são bem representados pelo Mercado Livre <www.mercadolivre.com.br>, um portal para leilões e vendas entre pessoas físicas ou pequenas lojas. No segmento como um todo, há a liderança absoluta da empresa de capital aberto B2W <www.b2winc.com>, que congrega os empreendimentos Americanas.com, Submarino, Shoptime e Bockbuster e, em 2009, detinha 54% do mercado, sendo ameaçada pelo grupo empresarial liderado por Abílio Diniz, que, além do Extra, adquiriu as Casas Bahia e o Ponto Frio, varejistas tradicionais com atuação online.

Os exemplos mais relevantes são:

- Agregadores — <www.buscape.com.br>, <shopping.uol.com.br>, <www.reclameaqui.com.br>, <www.peixeurbano.com.br>.
- Varejistas puramente virtuais — <www.submarino.com.br>, <www.mercadolivre.com.br>.
- Varejistas com lojas físicas — <www.americanas.com.br>, <www.magazineluiza.com.br>, <www.walmart.com.br>, <www.extra.com.br>, <www.casasbahia.com.br>, <www.pontofrio.com.br>.
- Varejista com vendas por catálogo — <www.comprafacil.com.br> (grupo Hermes).
- Varejistas por televisão — <www.shoptime.com.br>, <www.polishop.com.br>.
- Distribuidor (exemplo de desintermediação) — <www.efacil.com.br> (grupo Martins).

Veículos

Este segmento tem a ver com a comercialização de produtos e serviços relacionados a veículos, o que inclui insumos, autopeças, venda e locação de veículos. Embora a venda de veículos diretamente online, da montadora ao consumidor, sem passar por concessionárias, dificilmente vá se tornar uma realidade dominante, as várias montadoras nacionais têm se utilizado dos recursos do e-commerce. A internet permite, por exemplo, demonstrar carros, o que facilita uma análise mais a fundo dos opcionais disponíveis e seus respectivos preços. Também permite o envio da intenção de compra a uma concessionária da preferência do cliente, como no serviço Configurador, disponível no site da Volkswagen <www.volks.com.br>. Por outro lado, também é importante ferramenta para a fidelização e o atendimento de pós-venda aos clientes, como no caso da General Motors com o canal Meu Chevrolet <www.meuchevrolet.com.br>.

O *ticket* médio nesse segmento pode ser muito alto — no caso de veículos —, alto — no caso de autopeças — e médio — no caso de serviços de locação —, sendo a logística complicada para a maior parte dos produtos, a não ser no caso de peças pequenas. Isso tem permitido o desenvolvimento de serviços regionalizados, como oficinas que revendem e instalam autopeças; por exemplo, pneus. Os impactos na estrutura da indústria incluem:

- regionalização e nacionalização da concorrência no caso das autopeças, e globalização da concorrência no caso de locadoras;
- concentração dos fornecedores, o que favorece a desintermediação (ver exemplo mais adiante);
- concentração dos canais tradicionais, o que dificulta a entrada de novos concorrentes e também a desintermediação (em 2009, alguns grandes fabricantes, como Volks, GM, Toyota e Honda não tinham lojas virtuais próprias);
- apesar das barreiras à entrada mais baixas para o e-commerce, a maioria dos fatores anteriores favorece a concentração dos canais de e-commerce;
- pelas características da logística e do *ticket* médio muito alto, o segmento é pouco favorável ao e-commerce, mas eventualmente pode permitir a inovação a partir da venda direta por algum novo entrante, como a Dell realizou no caso dos computadores.

Alguns exemplos de sites em língua portuguesa:

- Agregadores — <www.webmotors.com.br>, <www.autopan.com.br>.
- Concessionárias e revendas — <carsale.uol.com.br>, <www.tireshop.com.br>, <www.kdpneus.com.br>, <www.rumoautopecas.com.br>, <www.jocar.com.br>.

- Distribuidores — <www.acessorioscar.com.br> (exemplo de desintermediação), <www.comercialkotobuki.com.br> (exemplo voltado para o B2B).
- Fabricantes de veículos e insumos/autopeças — <www.ford.com.br/venda_direta_Internet.asp>, <www.lojabardahl.com.br>, <www.meuchevrolet.com.br> (canal de relacionamento e fidelização), <www.volks.com.br>.
- Locadoras de veículos — <www.localiza.com.br>, <www.hertz.com.br>, <www.avis.com.br>.

Alimentos e bebidas

O segmento de alimentos e bebidas, que envolve a venda de produtos para consumo imediato, caso do *delivery*, e também a venda de mantimentos, caso dos supermercados, é caracterizado por uma logística mais complexa do que a dos segmentos mais tradicionais do comércio eletrônico. Em 2009, não figurava entre os cinco maiores segmentos em volume, de acordo com a pesquisa Webshoppers. Segundo reportagem da revista *Exame*, de 17 de abril de 2008,[9] "o Carrefour, maior rede de supermercados do Brasil, por exemplo, concluiu que operações de e-commerce que envolvem alimentos são complexas, traumáticas e nem sempre rentáveis. Esse tipo de produto exige transporte específico e uma sofisticada rede de distribuição, o que eleva drasticamente o preço final". Não obstante, há *players* que competem no mercado de supermercados, como o Zona Sul <www.zonasul.com.br>, com foco exclusivo no Rio de Janeiro e adjacências, e o Pão de Açúcar <www.paodeacucar.com.br>, que atua tanto no Rio de Janeiro quanto em São Paulo

---

[9] A reportagem "A briga pelo segundo lugar — na internet", de Paula Barcellos, está disponível em <http://portalexame.abril.com.br/revista/exame/edicoes/0916/negocios/m0157159.html>, acesso em fev. 2010.

e adjacências. Ambos atuam com um enfoque mais *premium* e se aproveitam de suas operações tradicionais de logística para favorecer o e-commerce.

No âmbito do *delivery*, surgiram vários *players* agregadores, que congregam diversos restaurantes e fazem entregas de pedidos feitos online, sendo o DiskCook <www.diskcook.com.br> o caso mais notável e com abrangência em algumas capitais nacionais. Os grandes varejistas de alimentos também se posicionaram online, com serviços como o McEntrega <www.mcentrega.com.br> ou o Bobs fone <www.bobs.com.br> sendo vertidos para a web.

Os impactos da internet de maior destaque na estrutura industrial são:

- regionalização e nacionalização da concorrência para produtos não perecíveis ou não frágeis, com dificuldades para a globalização em razão de controles sanitários;
- alta fragmentação dos fornecedores, o que inibe a desintermediação, apesar de haver grandes grupos multimarca;
- concentração dos canais tradicionais, o que dificulta a entrada de novos concorrentes e também a desintermediação (em 2009, os grandes grupos multimarca, como Nestlé, Unilever, General Mills, JBS-Friboi, Hypermarcas, Brasil Foods, Parmalat, Coca-Cola, AB-Inbev, Cadbury, Kraft Foods, não tinham lojas virtuais próprias);
- concentração dos canais de e-commerce, favorecida pelos fatores anteriores, apesar das barreiras à entrada mais baixas.

Por fim, cabe comentar que um dos grandes desafios desse segmento, além da logística, é o desenvolvimento da cultura de consumo online nos consumidores. À medida que essa cultura se desenvolva e mais consumidores aproveitem os benefícios da compra online de alimentos, como a economia de tempo e a comodidade, é provável que mesmo os desafios logísticos sejam ultrapassados.

Exemplos de sites em língua portuguesa:

- Agregadores — <www.diskcook.com.br> (restaurantes).
- Supermercados — <www.paodeacucar.com.br>, <www.zonasulatende.com.br>, <www.angeloni.com.br>.
- Lojas especializadas — <www.wine.com.br> (*player* online puro — vinho), <www.estacaodovinho.com.br> (*player* online puro — vinho), <www.mexcuca.com.br> (ingredientes de comida mexicana), <www.liberdadeshop.com.br> (ingredientes de comida japonesa), <www.lidador.com.br> (vinhos e alimentos importados).
- Restaurantes — <www.bobs.com.br>, <www.mcentrega.com.br>, <www.habibs.com.br/delivery>, <www.pizzahutdelivery.com.br>, <www.lamole.com.br>.
- Fabricantes — <www.nespresso.com.br> (cafés especiais).

Turismo

O segmento do turismo caracteriza-se pela venda de serviços, desde passagens e reservas de hotel a cruzeiros e outros tipos diversos de pacotes. É de se destacar, no caso brasileiro, que a companhia aérea Gol <www.voegol.com.br>, sozinha, movimenta um volume financeiro similar ao dos maiores *players* do e-commerce brasileiro, o que, por si só, coloca esse segmento entre os mais importantes. O *ticket* médio dos serviços oferecidos é de médio a alto, e a internet provocou uma série de impactos na estrutura da indústria, como:

- globalização da concorrência;
- alta fragmentação dos fornecedores, o que inibe a desintermediação;

- alto poder de barganha de canais de vendas locais, o que incentiva a desintermediação, sendo a internet uma oportunidade em especial para operadores de serviços turísticos locais/receptivos, como pequenos hotéis, pousadas, traslados;
- gestão de ociosidade, um fator crítico de sucesso que favoreceu o êxito de modelos de leilão reverso, como o Priceline <www.priceline.com>, site norte-americano em que passagens aéreas, geralmente em lugares ociosos, podem ser adquiridas a partir de um leilão pelo menor preço;
- um dos segmentos mais favoráveis ao e-commerce, tendo permitido o surgimento de *players* puramente online em todo o mundo e diferentes tipos de agregadores.

Alguns exemplos de sites em língua portuguesa:

- Agregadores — <www.tripadvisor.com.br>, <www.buscapeviagens.com.br>, <br.travelzoo.com>, <www.clickhoteis.com.br>, <www.hoteis.com>.
- Agências de turismo — <www.decolar.com.br>, <www.submarinoviagens.com.br> (*player* online puro), <www.cvc.com.br>, <www.marsans.com.br>, <www.panamericanoviagens.com.br>.
- Sites que atuam no B2B, como fornecedores de agências de turismo — <www.flytour.com.br>, <www.cvc.com.br>, <www.gapnet.com.br>, <www.advance.tur.br>, <www.netprice.tur.br>.
- Companhias aéreas — <www.voegol.com.br>, <www.tam.com.br>.
- Rede de hotéis — <www.accorhotels.com.br>.
- Fornecedor de tecnologia — <www.amadeus.com/br>.

Setor financeiro

Devido ao passado inflacionário e à própria trajetória da informática no Brasil, o setor financeiro brasileiro sempre foi muito desenvolvido em termos tecnológicos. Atualmente, oferece vários serviços com entrega via internet, tanto para empresas quanto para indivíduos. Além dos serviços prestados pelos bancos, surgiram oportunidades de desintermediação para corretoras online, que passaram a disponibilizar a seus clientes ferramentas de negociação direta com a bolsa, como a Ágora <www.agorainvest.com.br>, adquirida pelo Bradesco. No exterior, também surgiram novos mecanismos proporcionados pela internet, como sites especializados em empréstimos diretos entre pessoas (*peer-to-peer lending*), como o Prosper <www.prosper.com>, o Lending Club <www.lendingclub.com> e o Zopa <www.zopa.com>. Nas modalidades de seguros pouco dependentes de corretores, a internet também tem grande impacto, em especial aumentando a concorrência e levando à queda dos preços.

No caso das empresas que trabalham com vendas online, também surgiram *players* agregadores, que facilitam a implantação de soluções de pagamento online, como o Braspag <www.braspag.com.br>.

Exemplos de sites em língua portuguesa:

❏ Bancos de varejo — <www.itau.com.br>, <www.bradesco.com.br>, <www.bb.com.br>, <www.caixa.gov.br>.
❏ Corretoras de valores — <www.agorainvest.com.br>, <www.citicorretora.com.br>, <www.easynvest.com.br>, <www.banifinvest.com.br>.
❏ Informações sobre crédito/cobrança (B2B) — <www.serasa.com.br>, <www.equifax.com.br>.
❏ Soluções de recebimento (B2B) — <www.braspag.com.br>, <www.cobrebem.com.br>, <www.paypal.com/br>, <www.pagseguro.uol.com.br>, <www.pagamentodigital.com.br>, <www.moip.com.br>.

Outros

Como já deve estar claro pela variedade de sites, produtos e serviços listados, o comércio eletrônico está definitivamente disseminado e presente nos mais variados setores da economia brasileira. Nesse segmento, citamos alguns outros setores, todos eles com *players* com operações online bastante significativas.

- Venda de ingressos para cinema, teatro, shows e eventos esportivos — <www.ingresso.com.br>, <www.ticketmaster.com.br>, <www.ticketronic.com.br>.
- Papelaria e material de escritório — <www.gimba.com.br>, <www.officenetstaples.com.br>, <www.kalunga.com.br>.
- Móveis e artigos para casa — <www.tokstok.com.br>, <www.suxxar.com.br>, <www.robertosimoes.com.br>, <www.pegfaca.com.br>, <www.camicado.com.br>.
- Materiais de construção — <www.cec.com.br>, <www.amoedo.com.br>.

Minicasos de e-commerce no Brasil

Como vimos na seção anterior, há uma enorme variedade de casos de comércio eletrônico no Brasil, nos mais diferentes setores da economia. E tudo indica que essa realidade irá se aprofundar ainda mais ao longo dos próximos anos. Por outro lado, como já discutido neste livro, são muitos os desafios e oportunidades a serem identificados e tratados adequadamente. Nesta seção, apresentaremos três minicasos selecionados, por acreditarmos que eles permitem não só conhecer mais de perto situações interessantes e diferentes entre si, mas, especialmente, refletir sobre desafios e oportunidades enfrentados ou presentes em cada um dos casos.

Minicaso iStores <www.istores.com.br>[10]

A empresa se apresenta como uma iniciativa de comércio eletrônico voltada para o segmento de artigos de luxo no Brasil.

---

[10] Fontes: site da iStores <www.istores.com.br>, matéria do jornal *Valor Econômico*, "iStores cresce rápido e mira classe C", de Sérgio Bueno, publicada em 8 de dezembro de 2009.

Surgiu em 2008 e, no início de 2010, tinha as lojas Outlet Online <www.outletonline.com.br>, Bibi <www.lojabibi.com.br> e Brasil Sul <www.lojabrasilsul.com.br>. Até 2009, a empresa, criada por dois empresários da região sul do Brasil — Cláudio Wochner, de 34 anos, formado em ciência da computação, e Sérgio Baccaro Junior, 36 anos, publicitário —, trabalhava com mais de 40 marcas reconhecidas, como Adidas, Nike, Puma, Fiorucci e Zoomp, refletindo um foco em vestuário, calçados, acessórios e produtos de beleza.

A empresa divulgou ter atingido o faturamento de R$ 60 mil em novembro de 2009, o que significa um grande crescimento, apesar do ano de crise econômica. Para o Natal, sua expectativa era de um faturamento de R$ 180 mil. O *ticket* médio apresentado variava entre as lojas, sendo de R$ 146 na Outlet e de R$ 334 na Brasil Sul, com foco em artigos de vestuário femininos. A loja Outlet Online recebia de 3 mil a 4 mil visitas por dia, enquanto as demais, entre 250 e mil acessos.

Os pedidos partem principalmente das capitais e de pessoas entre 18 e 45 anos de idade. O negócio consumiu investimentos de R$ 500 mil de seus dois sócios, dinheiro gasto principalmente no desenvolvimento de sistemas de informação e no financiamento das compras dos clientes em até cinco vezes, sem juros, no cartão de crédito. A manutenção de estoque não pesa sobre o caixa da empresa, já que os produtos vendidos pela Outlet Online são consignados e as demais mercadorias são despachadas das lojas físicas de origem. Segundo Baccaro, o "desafio é manter o fluxo de visitação às lojas virtuais".

Em 2010, a empresa pretendia negociar outras franquias e abrir uma nova loja própria, com foco nas classes C e D. A estratégia de marketing é calcada na utilização de e-mail, alegando a empresa possuir 2 milhões de e-mails cadastrados. Além disso, a empresa também atua com palavras-chave no Google e em mídias como o Orkut, o Facebook, o Twitter e com banners em blogs especializados em moda, conforme o relato da reportagem do jornal *Valor Econômico*.

Este é um caso interessante, pelo pequeno porte da empresa, seu caráter empreendedor e o tipo de mercadoria que oferece. Entretanto, como qualquer empreendimento, está sujeito a grandes desafios. Procure refletir sobre as seguintes questões: na sua opinião, quais são os maiores desafios, as maiores ameaças e fraquezas enfrentadas por esta empresa? Você considera que ela tem um posicionamento estratégico defensável? É possível vender com sucesso os tipos de produtos citados, como roupas e acessórios, pela internet? É possível enfrentar concorrentes de maior porte? As estratégias de divulgação parecem ser adequadas? Caso o conceito da empresa dê muito certo, que dificuldades você é capaz de antever?

Supermercado Zona Sul <www.zonasul.com.br>[11]

O Supermercado Zona Sul foi fundado no Rio de Janeiro em 1960, e desde então vem se posicionando no atendimento personalizado a um público exigente. Hoje com 30 lojas, a empresa percebeu que poderia contar com um novo canal de vendas: o virtual. Para tanto, criou o serviço Zona Sul Atende. Inicialmente, o serviço era prestado por telefone e fax, mas, com o advento da internet comercial, passou a utilizar a web como nova interface.

Lançado em 1997 e bastante melhorado desde então, o site foi totalmente customizado, segundo a empresa que o desenvolveu, para atender as necessidades dos seus clientes, apresentando recursos diferenciados como:

---

[11] Fontes: site Zona Sul <www.zonasul.com.br> e site da desenvolvedora <www.marlin.com.br>, entrevista com um cliente usual do serviço.

- Meu Zona Sul — menu de compras totalmente personalizado que disponibiliza aos clientes todos os produtos que estes compraram nos últimos seis meses, seja na loja, via internet ou pelo telefone/fax.
- Adega Zona Sul — área do site destinada aos apreciadores de vinhos com opções de compras, dicas, sugestões e indicação de harmonização entre vinhos e pratos.
- Compra Fácil — área onde é possível escrever livremente uma lista de produtos desejados, como um rascunho de lista de compra, e obter resultados com todos os produtos desejados, classificados e analisados, de forma rápida e prática.
- Encarte Online — versão digital do encarte semanal distribuído nas lojas, com interface interativa e opção de compra.
- Livro de Receitas — área de conteúdo do site destinada à disponibilização de receitas para os usuários, com opção de compra automática dos ingredientes.
- Lembrete Automático — recurso que lembra o cliente de incluir produtos costumeiramente comprados, para que ele não se esqueça de incluí-los em sua nova compra.

O website conta com ferramentas de segurança e privacidade[12] e também provê ajuda para o cliente, tanto via chat — troca de mensagens pela web em tempo real — quanto por telefone. Além disso, é totalmente integrado com o sistema de gestão empresarial do supermercado e com sua logística, o que permite a comercialização até mesmo de peixe fresco por meio da internet.

Um cliente usual do site, entrevistado pelos autores deste livro, explicou por que faz suas compras lá, regularmente, ao longo dos últimos oito anos: "Comprando na internet, eu gasto muito menos tempo. Há vezes em que eu simplesmente entro

---

[12] Os recursos de segurança na internet são tratados no capítulo 2.

no site e repito minha compra anterior, gastando menos de 10 minutos, incluindo o tempo para digitar meu cartão de crédito". Indagado sobre a variedade de mercadorias que adquire, o entrevistado afirmou que compra todos os tipos de mantimentos, assegurando que "eles sabem escolher as frutas e verduras melhor do que eu saberia, então não sinto necessidade de fazer as compras pessoalmente". Por fim, em relação aos lados ruins da sua experiência, o entrevistado afirmou que, por vezes, o que ele pede não é entregue, em razão de problemas de estoque do mercado, assim como o fato de saber estar pagando um preço *premium* ao optar pela comodidade.

Gol Linhas Aéreas <www.voegol.com.br>[13]

Tendo iniciado suas atividades em 2001, a Gol Transportes Aéreos <www.voegol.com.br> sempre procurou, desde a sua fundação, ser fiel à proposição de valor de baixo custo e baixo preço (*low cost/low fare*).

Em alinhamento com essa estratégia, a empresa foi pioneira no Brasil no uso de ferramentas eletrônicas, como o bilhete eletrônico (e-ticket), a venda direta ao consumidor final de passagens através do seu site, e-mail marketing e do *check-in* via internet.

Vale a pena lembrar que, em 2001, o padrão das companhias aéreas era a utilização de bilhetes de embarque com papel carbono e em várias cópias. Utilizando tecnologia da empresa norte-americana Navitaire, a Gol passou a usar intensamente o e-commerce para a melhoria dos seus processos.

Segundo Silveira e outros (2006), a empresa se beneficiou de diversas formas:

---

[13] Fontes: website da companhia: <www.voegol.com.br>, e Silveira et al., 2006.

- ausência de custos de agências físicas;
- eliminação do bilhete Iata;
- reserva de voo e assento;
- obtenção da receita por voo previamente a sua execução e online;
- adequação de combustível e alimentação;
- interface B2C e B2B;
- segurança contra fraudes;
- eliminação de 600 postos de trabalho.

Em um comunicado a investidores, a própria empresa justificou a importância do e-commerce em sua operação e o seu sucesso:

> *Somos uma das maiores empresas de e-commerce no Brasil.* O uso efetivo de tecnologia nos permite manter nossos custos baixos e nossas operações altamente eficientes. Buscamos manter nossos canais de distribuição simplificados e convenientes, de forma a permitir que nossos clientes interajam conosco através da internet. Em 2008, efetuamos a maioria das vendas de passagens por meio de uma combinação de vendas em nosso site na Internet (79%) e em nosso *call center* (7%). Além disso, nossos clientes podem fazer *check-in* de seus voos online e por telefones celulares aptos a navegar na internet. Como resultado de nossa ênfase em canais de distribuição de baixo custo, nós fomos, em 2008, uma das maiores empresas de comércio eletrônico no Brasil, com R$ 4,8 bilhões em vendas de passagens (líquido) em nosso site, mais que qualquer outra companhia aérea no Brasil. Usufruímos de reduções de custo associadas à venda automatizada de passagens, tornando a seleção de opções de viagem mais conveniente para nossos clientes.[14]

---

[14] Fonte: <http://www.mz-ir.com/gol/2006/web/conteudo_pt.asp?conta=28&tipo=803&idioma=0&id=158>, site para investidores da Gol, acesso em jan. 2010.

Os resultados não poderiam ter sido melhores. De uma participação ínfima no mercado (4% e seis aeronaves em 2001), a empresa chegou em 2009 com 42% e 106 aeronaves, sendo sua expectativa assumir a liderança do mercado brasileiro.

Outra novidade anunciada pela empresa é o leilão de passagens aéreas. Após um cadastro prévio, os participantes poderão comprar lotes de passagens para grupos de pessoas viajando juntas, em trechos ofertados pela Gol semanalmente. Embora a ideia não seja inédita (já tinha sido lançada pelo site Priceline.com na década passada), sua utilização no Brasil foi uma iniciativa inovadora da empresa.

Neste capítulo, apresentamos uma visão panorâmica do comércio eletrônico no Brasil, procurando mostrar como, em diversos setores, a internet tem propiciado diferentes oportunidades (e ameaças) a várias empresas. Como você pôde depreender da leitura, o comércio eletrônico não é mais uma promessa, mas uma realidade. Está presente nos mais diferentes segmentos, indo muito além da venda de livros, DVDs e eletrônicos, como mostraram os inúmeros exemplos citados e os três minicasos, um no segmento de vestuário, outro no de alimentação e um terceiro no segmento de passagens aéreas.

Conclusão

A internet trouxe enormes mudanças para a sociedade. Mais ainda: é quase impossível prever as muitas que ainda estão por vir. Portanto, o desafio de estudar esse assunto é enorme. É como tentar acertar a trajetória de um furacão estando dentro dele. Neste livro, em que encaramos esse desafio, procuramos explicitar maneiras de pensar o impacto da internet nos negócios, em vez de oferecer receitas prontas, que ficariam rapidamente ultrapassadas e raramente são úteis de verdade.

No primeiro capítulo, vimos que a internet está alterando a estrutura dos mercados, dos processos das empresas e dos próprios produtos. Esperamos que essa visão faça você perceber a importância de pensar na rede de forma estratégica e bem estruturada. As muitas experiências de e-commerce já existentes mostram que esse é um passo fundamental, podendo fazer a diferença entre a internet ser uma fonte de lucros ou de prejuízos para uma empresa.

O capítulo 2 teve como objetivo transmitir a você diversos conceitos relevantes ligados à tecnologia e à operação de sites de comércio eletrônico. Sem ser exaustivo, procurou dar a você uma visão das principais alternativas e questões e, sobretudo, passar-lhe a convicção de que, com os devidos cuidados, é viável realizar comércio eletrônico de modo seguro e eficiente.

A intenção do capítulo 3 foi levar você a refletir sobre a utilização da internet como ferramenta de marketing, tanto como um novo meio para negócios, quanto como uma nova mídia a ser explorada. Nossa preocupação foi mostrar metodologias que permitirão a você planejar o marketing na internet para a sua organização.

Por fim, no quarto e último capítulo analisamos o comércio eletrônico no Brasil e vimos que, seja no âmbito dos negócios entre empresas, seja no dos negócios entre empresas e consumidores, o comércio eletrônico está presente em praticamente todos os setores da atividade econômica. A partir de vários exemplos e alguns minicasos, você pôde ler e refletir sobre as várias facetas do e-commerce no Brasil.

Ainda mais do que em outros assuntos, para compreender o e-commerce não podemos parar de estudar e acompanhar as novidades. Nesse caso, não basta ser apenas um espectador, é preciso pesquisar ativamente o que está dando certo e errado, as novas iniciativas e os casos de sucesso. A transformação dos processos de comércio eletrônico é constante e rápida. Esperamos que o conteúdo deste livro tenha ajudado você a, de forma estruturada, continuar investigando sobre a utilização da internet em seus negócios.

Referências

ANDERSON, Chris. *A cauda longa*. Rio de Janeiro: Campus, 2006.

_____. *Free*: the future of a radical price. New York: Hyperion, 2009.

BCG (Boston Consulting Group). *The state of online retailing 4.0*. 2001.

CARR, Nicholas G. *The big switch*: rewiring the world, from Edison to Google. New York: W.W. Norton & Company, 2008.

DYSON, P. Internet research: Old before its time? In: MRG CONFERENCE. *Proceedings... speech*. Disponível em: <www.intelliquest.com/resources/>. Acesso em: jun. 2003.

E-BIT. *Relatórios Webshoppers*. (diversos números). Disponíveis em: <www.webshopper.com.br>. Acesso em: dez. 2009.

HILLS, Mellanie. *Intranet as groupware*. New York: John Wiley, 1996.

ISOC (Internet Society). *History of the internet*. Disponível em: <www.isoc.org/Internet/history/ brief.shtml>. Acesso em: set. 2003.

KARSAKLIAN, E. *Cyberm@rketing*. São Paulo: Atlas, 2001.

KOTLER, P. *Administração de marketing*: a edição do novo milênio. São Paulo: Prentice-Hall, 2000.

LIMEIRA, T. *E-marketing*: o marketing na internet com casos brasileiros. São Paulo: Saraiva, 2003.

LOWENTHAL, Richard (Org.). *Brasil: showcase* de competência em *e-business*. São Paulo: Makron Books, 2005.

MACAVINTA, C. Women's sites seek to separate from crowd. *CNET News.com*. Nov. 5, 1999. Disponível em: <http://news.cnet.com./news/0-1005-202-1431222.html>. Acesso em: fev. 2002.

Mapa da exclusão digital. Disponível em: <www.fgv.br/cps>. Acesso em: set. 2003.

McCARTHY, E. J.; PERREAULT, W. D. *Basic marketing*: a global managerial approach. 11. ed. Homewood: Irwin, 1994.

NEGROPONTE, N. *Being digital*. New York: Vintage Books, 1996.

PORTER, M. *Estratégia competitiva*: técnicas para análise de indústrias e da concorrência. Rio de Janeiro: Campus, 1986.

_____. *Vantagem competitiva*: criando e sustentando um desempenho superior. Rio de Janeiro: Campus, 1989.

_____. *Competição*: estratégias competitivas essenciais. Rio de Janeiro: Campus, 1999.

_____. Strategy and the internet. *Harvard Business Review*, May 2001.

Publicidade Yahoo! Disponível em: <www.publicidadeyahoo.com.br/tabeladeprecos.php>. Acesso em: 10 jul. 2010.

RIES, A.; RIES, L. *The 11 immutable laws of internet branding*. New York: HarperBusiness, 2000.

SAWHNEY, M. Making new markets. *Business 2.0*. May 1999. Disponível em: <www.business2.com/articles/1999/05/text/newrules.html>. Acesso em: maio 2002.

SILVEIRA, Rosana Rosa et al. A utilização da TIC como recurso na elaboração estratégica da informação: um estudo de caso na Gol Transportes Aéreos Ltda. In: SIMPEP, 13., 2006, Bauru. *Anais...* Bauru, SP, 2006.

SPECTOR, R. *Amazon.com*. Rio de Janeiro: Campus, 2000.

The standard. Disponível em: <www.thestandard.com.br>. Acesso em: mar. 2003.

STRAUSS, J.; FROST, R. *E-marketing*. 2. ed. Upper Saddle River, NJ: Prentice-Hall, 2001.

TURBAN, Efraim et al. *E-commerce*. Upper Saddle River, NJ: Prentice Hall, 2007.

Glossário

Por este ser um livro que menciona termos técnicos de computação e marketing para um público não necessariamente técnico, optamos por incluir este glossário, que esperamos facilite a compreensão do texto. O glossário não pretende ser um compêndio sobre o assunto, apenas um apoio à leitura do livro, procurando não repetir definições já incluídas ao longo do texto. Está organizado em ordem alfabética e, nas situações em que as siglas são mais conhecidas do que os nomes por extenso, optamos por identificar o verbete pela própria sigla. Os termos rotineiramente conhecidos em inglês foram mantidos nesse idioma.

ASP (application service providers) — Empresas que disponibilizam, como um serviço na internet, aplicações de computador. Por exemplo, em vez de uma empresa ter um servidor para cursos em sua própria rede, pode contratar o serviço de algum provedor de aplicações, que disponibilizará para ela e seus funcionários todos os serviços, inclusive de forma personalizada. O conceito não deve ser confundido com a sigla da tecnologia *active server pages*, da Microsoft.

B2B (business to business) — Negócios entre empresas, como a venda de matérias-primas de uma empresa para outra.

B2C (business to consumer) — Negócios entre empresas e consumidores finais, como a venda de um DVD por um site de varejo para seus consumidores finais.

B2E (business to employee) — Negócios entre uma empresa e seus colaboradores internos, como a venda de produtos da própria empresa por um preço especial, ou a instalação de uma universidade corporativa, com cursos a distância, na intranet da empresa.

Banco de dados (BD) — Trata-se de um conjunto de informações organizadas de forma estruturada. Tipicamente, as aplicações corporativas, ou mesmo sites da internet, se utilizam de bancos de dados bem organizados e estruturados não só para permitir o armazenamento de informações, mas também para facilitar sua posterior consulta e alteração.

Banner — Nome genérico para peças de publicidade na internet. Normalmente, os banners são imagens animadas, podendo também ser interativos. O formato mais comum é conhecido como full banner, mas são utilizados vários outros formatos, como o half banner, que equivale à metade de um full banner, e o banner skyscraper, que é vertical e geralmente bem grande. Nos EUA, o site do Internet Advertising Bureau <www.iab.net> define vários padrões e formatos de banners, além de conter estudos de caso sobre o assunto. No Brasil, a Associação de Mídia Interativa <www.ami.org.br> tem o mesmo propósito.

Broadcast — Transmissão de dados para todos os usuários de uma rede.

Browsers — Também conhecidos como *navegadores*, são programas de computador destinados à navegação na internet. Alguns exemplos de browsers são o Microsoft Internet Explorer, o Firefox e o Opera.

C2C (consumer to consumer) — Negócios entre consumidores finais, como a troca de arquivos de música através de ferramentas especiais. Também conhecido como P2P (*peer to peer*).

Call center — Central de atendimento telefônico de uma empresa que pode ser utilizada tanto para vendas receptivas ou ativas, quanto para atendimento a clientes (pós-venda).

Chat — Conversa em tempo real entre duas ou mais pessoas pela internet. Pode ser utilizado, por exemplo, por um vendedor para auxiliar um cliente a tomar a decisão de efetuar determinada compra em um site na web.

Ciberespaço — Conjunto de recursos de informação em torno da internet, às vezes denominado também mundo virtual.

Co-branding — Iniciativa de marketing conjunta, na qual duas ou mais empresas utilizam suas marcas para promover determinada iniciativa ou determinado produto.

Cookies — Informação enviada por um site (pelo servidor web em que está hospedado) para o computador de um usuário e que geralmente é utilizada para identificar o usuário em uma futura visita àquele site.

CPM (custo por milhar) — No marketing tradicional, significa custo por milhar de público atingido. Na internet, é um padrão de medida para investimentos em espaço publicitário que representa o custo de cada conjunto de mil impressões de uma peça publicitária, geralmente um banner, em um determinado site.

Criptografia — Tecnologia de codificação de informações cujo objetivo é garantir que, caso uma pessoa não autorizada intercepte a informação, não consiga entendê-la. A criptografia é utilizada nas transações de comércio eletrônico, em sites de bancos e sempre que se deseja aumentar a privacidade de dados transmitidos em rede.

Data warehouse — Banco de dados preparado para acessar todas as informações de uma empresa. O data warehouse congrega, tipicamente, dados de diversas fontes, passando a ser uma fonte de consulta centralizada e mais fácil para as informações da empresa, a partir da criação de relatórios pré-programados.

Domain name system (*DNS*) — Sistema de nomes de computadores na internet que associa nomes únicos a endereços IP de forma a facilitar sua memorização pelos usuários da rede. É o sistema DNS que permite que se acesse o computador do site da Fundação Getulio Vargas por meio do nome <www.fgv.br>, que substitui o endereço IP 200.190.218.69.

E-book — Livro disponibilizado em formato eletrônico, em vez de impresso em papel.

E-CRM — Sistemas de computador que ajudam a gerenciar o relacionamento dos clientes de uma organização, tendo a característica especial de integrarem, em uma mesma base de dados, as interações dos clientes pelo site, *call center* ou outras formas de contato.

EDI (*electronic data interchange*) — Padrão de comércio eletrônico anterior à internet utilizado por grandes companhias para a troca de pedidos, documentos fiscais, extratos bancários, entre outros documentos.

Elasticidade-preço — Conceito clássico da teoria econômica que busca descobrir a influência dos preços na demanda ou na oferta de determinado produto em um mercado.

E-procurement — Compra e venda eletrônica de suprimentos e matérias-primas entre empresas.

ERP (*enterprise resource planning*) — Sistemas destinados à administração e ao planejamento de todos os recursos de uma empresa, ajudando na gerência como um todo, desde a parte financeira e contábil até o controle da produção.

Extranet — Sites privados, cujo acesso é restrito a parceiros e a grandes clientes de uma organização, e que geralmente trazem informações pertinentes ao relacionamento desses parceiros e clientes com a organização.

E-tailers — Varejistas eletrônicos tipicamente da internet. A Amazon.com <www.amazon.com>, nos EUA, e o Submarino <www.submarino.com.br>, no Brasil, são grandes exemplos de *e-tailers*.

Flash (padrão SWF) — Tecnologia da empresa Macromedia largamente utilizada na internet para a criação de animações vetoriais para inserção em páginas na web. É um formato aceito pela maioria dos browsers e bastante conveniente, pela riqueza e interatividade que permite aos sites, mantendo-os rápidos e com um tamanho adequado.

Fóruns — Sites especiais nos quais os usuários podem postar mensagens e interagir de forma assíncrona. É similar a um *newsgroup*, com a diferença de que se usa a própria web (e o browser) como plataforma para o acesso e a postagem de mensagens.

Fulfillment — Termo utilizado em logística e que representa o processo que permite a disponibilização de um produto manufaturado diretamente da fábrica para o distribuidor ou para o consumidor final. O fulfillment envolve todas as atividades executadas entre o recebimento do pedido e a entrega do bem ao cliente, dentro de suas expectativas.

G2B/B2G (government to business/business to government) — Negócios entre o governo e empresas, como o site ComprasNet <www.comprasnet.org.br>, no qual o governo federal brasileiro comanda suas licitações.

G2C/C2G (government to citizen/citizen to government) — Negócios entre o governo e cidadãos, como o site da Receita Federal <www.receita.fazenda.gov.br>, no qual os brasileiros podem entregar suas declarações de imposto de renda.

Hits — Conceito técnico que indica o número de objetos (arquivos com imagens, sons, vídeos, textos, animações, entre outros) que um servidor web entregou durante determinado período de tempo. Não deve ser confundido com uma medida de audiência, pois uma imagem ou um texto podem ser divididos em vários objetos diferentes, o que permite que um mesmo número de acessos a determinada informação signifique vários números de *hits*.

HTML (hypertext markup language) — Linguagem para a criação de páginas da internet que permite a criação de ligações entre os documentos e também sua formatação completa.

HTTP (hypertext transfer protocol) — Padrão de comunicação utilizado entre os computadores para a troca de informações e páginas na World Wide Web.

Intranet — Sites privados, cujo acesso é restrito aos colaboradores de determinada organização, geralmente utilizado para indicadores gerenciais, documentos e informações diversas de interesse interno.

IP (internet protocol) — Padrão responsável pela localização dos computadores na internet. Cada computador ligado à internet tem um único endereço, através do qual consegue estabelecer conexões com os demais.

Java — Linguagem de programação criada pela empresa Sun, que se popularizou bastante na internet, entre outras razões, porque os programas em java funcionam em praticamente qualquer computador e também porque podem ser inseridos em páginas web, no formato especial conhecido como *applet*.

LTV (life time value) — Medida do valor gerado por um cliente ao longo do tempo. O conceito é útil principalmente para que não se considere apenas o que um cliente vai gerar de lucro no curto prazo e, sim, ao longo de todo o seu relacionamento com sua empresa.

Log analysers — Programas de computador que interpretam as informações registradas nos servidores web, gerando relatórios com informações para a análise da navegação de um site.

Marketing de permissão — Trata-se de iniciativas de marketing a partir da permissão do cliente para que lhe sejam enviadas mensagens de propaganda. Também conhecido como *opt-in*, é um conceito importante para o marketing via correio eletrônico na internet, a fim de que as mensagens não sejam confundidas com spams.

Metatags — Trata-se de comandos, em páginas da web, que descrevem características das páginas, por exemplo, para a colocação de palavras-chave a fim de que as ferramentas de busca identifiquem melhor as páginas.

Narrowcast — Transmissão de dados apenas para um público selecionado dentro de uma rede.

Newsgroups — Serviço tradicional que permite a troca de mensagens (que, diferentemente do e-mail, ficam sempre armazenadas em um servidor) entre usuários distantes.

Newsletter — Informativo. Normalmente, todos os sites dispõem de pelo menos uma newsletter por e-mail, o que costuma ser uma grande fonte de tráfego para o site.

Pick and pack — Manipulação de mercadorias desde sua entrada no estoque até sua expedição, após efetuado um pedido.

Pointcast — Transmissão de dados direcionados a um único usuário de uma rede.

Proxy — Servidores que proveem *caches* e alguns filtros de segurança para acelerar e tornar mais segura a navegação na internet.

Rede — Conjunto de computadores e outros recursos computacionais (como impressoras, discos e roteadores) interligados, que permitem a intercomunicação e o compartilhamento de recursos.

SEC (Securities and Exchange Commission) — Órgão do governo dos EUA que regulamenta o mercado de ações, similar à Comissão de Valores Mobiliários, no Brasil. Nos EUA, as empresas de capital aberto são obrigadas a enviar à SEC diversos relatórios sobre suas operações, que são uma importante fonte de informação para investidores e analistas do mercado.

Spam — Mensagem de correio eletrônico não solicitada, isto é, enviada por alguém que não tem autorização do receptor para tal. Normalmente de cunho comercial.

SSL (secure sockets layer) — Padrão que implementa diversos mecanismos de segurança para a comunicação de computadores pela internet, garantindo, simultaneamente, que os dados trocados não sejam alterados de forma inadvertida, não possam ser lidos indevidamente, e também assegurando a identificação das partes. É utilizado em quase todos os sites de comércio eletrônico.

Stakeholders — Indivíduos (ou grupos de indivíduos) que são afetados e defendem determinado interesse dentro de uma empresa, mercado, na vida política ou em organizações em geral.

TI (tecnologia da informação) — Todos os avanços ligados à tecnologia e à ciência dos computadores, incluindo sua idealização, construção, operação e utilização, e abrangendo tanto o hardware quanto o software. O mesmo que informática.

Ticket médio — Expressão que indica o valor médio das vendas de determinada empresa, obtido dividindo-se o total de vendas de determinado período pelo número de transações realizadas.

Web farm — Conjunto de servidores que fazem parte de um site, incluindo os próprios servidores web, servidores de bancos de dados e servidores de correio eletrônico.

WWW (World Wide Web) — Também conhecida por web, trata-se de um sistema de servidores na internet que utilizam o protocolo http para transmitir as páginas que compõem os sites da web. Os documentos são formatados em html, que suporta ligações entre os documentos, gráficos, sons, animações, vídeos e outros formatos. A web também permite o acesso a sites dinâmicos, possibilitando serviços como compras e acesso a contas bancárias pela internet.

Sobre os autores

Eduardo Ramos

Doutor em administração pela Ebape/FGV, mestre em economia pela EPGE/FGV, bacharel em economia pela PUC-Rio, com especialização e vários cursos de extensão em TI, é professor convidado do FGV Management desde 1999. Fundador e reitor do Instituto Infnet. Fundador de um dos primeiros portais de carreira na área de TI. Junto com os outros mantenedores do Infnet, foi agraciado com o título de Empreendedor Endeavor em um concurso do qual participaram centenas de empresas latino-americanas dos mais diversos segmentos. Em 2002, recebeu o Prêmio Empreendedores do Novo Brasil, da revista *Você S/A*.

André Antunes

É pós-graduado no MBA em governança da TI do Infnet e em matemática pelo Impa. MBA em administração de empresas pela Ebape/FGV e empreendedorismo pela Harvard Business School. Engenheiro de computação pela PUC-Rio. Fundador e pró-reitor executivo do Instituto Infnet. Professor convidado do FGV Management. Fundador de um dos primeiros provedores internet no Brasil, em 1995. Em 2002, foi reconhecido como Empreendedor Endeavor e, pela revista *Você S/A*, um dos Empreendedores do Novo Brasil.

André Bittencourt do Valle

É doutor em engenharia pela UFF, mestre em engenharia pela PUC-Rio e engenheiro pela UFRJ. Em 2007, 2008, 2009 e 2010, foi agraciado com o Prêmio FGV Management aos professores que mais se destacaram; em 2001, com o Prêmio Visa de Comércio Eletrônico; em 2000, com o Prêmio Ibest. Professor e coordenador acadêmico no FGV Management. É membro do Comitê Executivo de Comércio Eletrônico do Governo Federal.

Andre Kischinevsky

É graduado e pós-graduado em gestão empresarial pela Candido Mendes. Pró-reitor de operações e marketing do Instituto Infnet, articulista em diversos jornais e professor convidado do FGV Management desde 1998. Foi diretor da Assespro-RJ por quatro anos. Junto com os outros mantenedores do Infnet, foi agraciado com o título de Empreendedor Endeavor em um concurso do qual participaram centenas de empresas latino-americanas dos mais diversos segmentos. Em 2002, recebeu o Prêmio Empreendedores do Novo Brasil, da revista *Você S/A*.

Este livro foi impresso nas oficinas gráficas da Editora Vozes Ltda.,
Rua Frei Luís, 100 – Petrópolis, RJ.